세^{상에 대하여}
^{우리가}
더잘_{알아야 할}
_{교양}

73

지은이 소개

지은이 **위문숙**

건국대학교 사학과를 졸업하고 같은 학교 대학원에서 서양사를 공부했습니다. 지구촌 곳곳의 좋은 책을 기획하고 번역하며 세상에 대한 관심을 키워 나갔습니다. 내 아이들이 살아가는 곳을 객관적으로 알리고 싶어서 글쓰기를 시작했습니다. 세더잘 49 《아프리카 원조, 어떻게 해야 지속가능해질까?》, 54 《4차 산업혁명, 어떻게 변화되어야 할까?》, 59 《윤리적 소비, 윤리적 소비와 합리적 소비, 우리의 선택은?》, 68 《대출, 안 빌리면 끝일까?》 《오로라 탐험대》 《세상이 너를 원하고 있어》를 집필했고, 《루머의 루머의 루머》 《망고 한 조각》 《빌랄의 거짓말》 《파라노이드 파크》 《이상한 조류학자의 어쿠스틱 여행기》 《랭고》 《상식이 두루두루》 등을 우리말로 옮겼습니다.

세 상에 대하여 우리가 더 잘 알아야 할 교양

위문숙 지음

73

환율

오르면 개인에게 이로울까?

내인생의책

차례

※ 본문의 **굵은 글씨**로 표시된 단어는 123페이지 용어 설명에서 찾아보세요.

들어가며: 환율은 세상을 바라보는 창이다

2018년 8월 10일, 터키를 찾은 관광객들은 1달러를 4리라로 환전받았습니다. 리라(Lira)는 터키와 이탈리아 등지에서 사용하는 화폐의 이름이에요. 그런데 그로부터 겨우 사흘이 지난 13일이 되자 1달러를 내면 7리라를 받게 되었습니다.

그러니까 3일 전만 해도 100달러를 주고 400리라를 받았는데 이제 700리라나 받게 된 거죠. 터키를 방문한 여행객들은 "이게 웬 떡이냐!" 하며 쾌재를 불렀겠지요. 아무런 수고 없이 여행에 쓸 수 있는 경비가 거의 두 배로 늘어났으니까요. 여행객들은 한마디로 환율이 오른 덕을 톡톡히 본 것입니다.

이처럼 외국 화폐에 대한 해당 통화의 교환 비율이 올라가는 현상을 '환율 상승'이라고 하는데요. 앞에 터키의 경우 달러의 가치는 올라가고 리라의 가치는 내려간 것이죠. 정리하자면 달러화에 대한 리라화의 교환(交換) 비율(比率), 곧 환율(換率)이 상승한 것입니다. 이와 같이 통화의 환율이 올라가면 그 통화의 가치는 떨어집니다.

왜 이런 일이 일어난 걸까요? 당시 미국 트럼프 대통령이 터키의 철강과 알루미늄을 수입할 때 세금을 두 배로 물리겠다고 했습니다. 그러자 환율이 갑자기 치솟았죠. 그 덕분에 터키를 방문한 외국인 관광객들은 같은 돈으로 먹고 자는 것뿐만 아니라 쇼핑도 맘껏 즐겼습니다. 버버리나 샤넬 등 값비싼 제품의 가격도 뚝 떨어졌거든요.

4,000리라의 가격표가 달린 버버리 코트를 구매한다고 해 봅시다. 2018년 7월에는 1,000달러가 필요했습니다. 하지만 같은 해 9월에는 600달러만 있어도 살 수 있었지요. 이처럼 리라에 대한 달러의 가치가 확 오르자 세계 곳곳에서 관광객들이 달러를 들고 터키로 몰려들었습니다.

터키 국민들도 외국인 관광객들처럼 환호했을까요? 오히려 울상이었지요. 환율 폭등 때문에 피해가 극심했거든요. 터키는 에너지를 거의 다 수입에 의존한답니다. 환율이 오르자 에너지를 수입하는 데 들어가는 비용이 늘어났어요. 그 결과 전기료와 가스 요금이 올랐습니다. 생필품 가격도 덩달아 치솟았죠. 2019년 터키의 물가는 전년에 비해 20퍼센트나 올랐습니다. 특히 감자와 오이, 토마토, 가지 등 식품 가격이 두 배 가까이 인상되었어요. 경기는 급격하게 침체되고 실업률은 10년 만에 최고점을 찍었습니다.

중동의 이란 역시 환율 상승으로 고통을 겪고 있습니다. 여기서 잠깐! 환율 변동이 무엇을 의미하는지 쉽게 이해할 수 있도록 간단한 요령을 알려 드릴게요. '환율'을 '달러 값'으로 바꾸어 읽으면 됩니다. 즉 환율 상승은 달러 값 상승, 환율 하락은 달러 값 하락으로 읽는 겁니다. 그렇다면 이란의 경우

환율 상승	환율 하락
달러 강세	달러 약세
원화 약세(평가 절하)	원화 강세(평가 절상)
예) 1달러 : 1,400원, 1달러 사는 데 1,400원	예) 1달러 : 700원, 1달러 사는 데 700원 듦

▌ 이란의 미국대사관 건물 외벽에 그려진 그림. 이란에서는 미국의 경제 제재로 환율이 폭등하
자 반미 감정이 고조되고 있다. 출처: 한겨레신문 http://www.hani.co.kr/arti/international/
arabafrica/852626.html

달러 값이 오른 것이죠.

왜 그렇게 됐냐고요? 2018년 11월부터 미국이 이란의 석유 거래를 막았기 때문입니다. 주요 수출품인 석유를 수출하지 못하게 되자 이란은 달러를 구하기가 어려워졌습니다. 2017년에는 1달러가 4만 리알쯤 되었는데 2019년에는 1달러에 15만 5천 리알로 급등했습니다. 환율 상승으로 수입품 가격이 오르자 물가는 1년 만에 51퍼센트가 올라갔습니다. 식품 가격은 더 가파르게 올랐습니다. 무려 70퍼센트나 인상되었어요. 두말할 필요 없이 서민들의 삶은 너무나 고달파졌죠. 이란의 젊은이 세 명 가운데 한 명은 실업자 신세가 되었습니다.

우리나라도 환율이 두 배로 뛰어서 고통받았던 적이 있어요. 1997년 외환위기 때였어요. 외환위기가 닥치고 불과 몇 달 만에 1달러가 800원에서 거의 2,000원까지 치솟았습니다. 2008년 금융위기 때도 비슷한 현상이 일어났습

▌ 총 대신 통화가 무기가 되는 세상이다. 환율 전쟁의 승자가 세계 경제를 좌지우지한다.

니다. 1달러가 900원대에서 1,500원대로 올라갔죠. 경기는 금세 바닥을 쳤고 근로자들은 하루아침에 직장을 잃었습니다. 버티지 못하고 문을 닫는 중소기업과 자영업자들이 수두룩했지요. 환율이 올라가자 물가는 치솟았고 특히 서민들이 큰 영향을 받았습니다.

예전에는 전쟁으로 다른 나라의 부를 빼앗았다면 이제는 환율이 그 자리를 대신하고 있습니다. '환율 전쟁'이라는 말이 공공연하게 쓰이죠. 만약 미국 같은 강대국이 환율을 이용하면 손에 피 한 방울 묻히지 않고도 약소국을 굴복시킬 수 있습니다.

주요국들 사이에서도 환율은 결코 쉽게 양보할 수 없는 사안입니다. 환율이란 한쪽의 이득과 다른 쪽의 손실을 합치면 제로가 되는 제로섬 게임 (Zero-sum game)이기 때문이지요. 오늘날 미국과 중국의 무역 전쟁이 환율 전쟁으로 번진 이유이기도 합니다.

세계의 정세와 경제의 흐름을 이해하고 싶다면 환율을 꼭 알아야 합니다. 환율은 세상을 바라보는 창이나 다름없습니다. 환율은 왜 변동할까요? 환율은 왜 중요한가요? 환율은 각 나라와 전 세계에 어떤 영향을 미칠까요?

이 모든 질문의 답을 알려 줄 환율의 세계로 여러분을 초대합니다. 환율은 특히 "경제는 심리다", "경제는 신뢰다"라는 말이 더욱더 통용되는 경제 분야입니다. "경제는 심리이자 신뢰"라는 이 말을 머릿속에 담아 둔 채로 이 책을 읽어 나갔으면 합니다.

1장 환율은 두 가지 화폐의 교환비율

오늘날 지구상에 존재하는 250여 개의 나라는 저마다 다른 화폐를 갖고 있습니다. 네덜란드 지폐에는 노란색 해바라기가 그려져 있고, 북아일랜드 지폐에는 우주를 형상화한 그림이 들어 있지요. 각 나라의 화폐는 그림과 색깔이 제각각입니다. 가치도 다르답니다. 한 외국인이 10,000이라고 적힌 자기 나라 화폐를 우리나라 돈 만 원

▋ 유로화 이전에 네덜란드에서 사용한 길더화

과 바꿔 달라고 하면 여러분은 당황스러울 거예요. 나라마다 돈의 가치가 다르기 때문에 바꿔줘야 할지 결정할 수 없거든요. 이럴 때 환율이 필요합니다. 환율이 두 나라의 돈을 어떻게 교환해야 할지 기준을 정해 주거든요.

우리나라 원화와 달러의 환율을 살펴볼까요? 미국에 있는 백화점에서 100달러짜리 멋진 신발을 진열해 놓았습니다. 100달러가 우리나라 돈으로 얼마인지 알려면 환율을 살펴보아야 합니다. 2019년 6월 현재 원달러 환율은 1,200원입니다. 1달러와 1,200원을 맞바꿀 수 있다는 뜻이지요. 따라서 100달러짜리 신발은 12만 원이라는 계산이 나옵니다.

돈과 돈의 교환

해외여행을 가려면 우리나라 돈을 여행지의 돈으로 바꿔야 합니다. 우리나라 돈을 다른 나라 돈과 어떻게 바꿀 수 있을까요? 모든 돈은 달러를 기준으로 교환됩니다. 가게마다 한 가지 과일을 파는 시장을 예로 들어 볼까요? 250여 개의 가게들이 서로 과일을 교환하려고 합니다. 참외 하나를 얻으려면 귤을 몇 개 줘야 할까요? 귤 가게 주인은 참외를 원하는데 참외 가게 주인은 사과를 좋아할 경우 어떻게 해야 할까요?

사과를 이용해서 복잡한 문제를 해결하기로 했어요. 사과는 인기 만점의 과일이니까요. 사과 가게 주인이 과일을 어떻게 교환할지 다음과 같이 정했습니다. "사과 1개는 참외 2개, 사과 1개는 귤 5개, 사과 1개는 파인애플 0.5개……." 그러자 귤 가게 주인은 귤 5개를 사과 1개와 교환합니다. 그리고 사과 1개를 참외 가게로 가져갔습니다. 참외 가게 주인은 사과 1개를 받자 선뜻 참외 2개를 내주었습니다.

오늘날 세계 시장도 이와 같습니다. 250여 개에 이르는 나라들이 서로 무역을 하고 있답니다. 우리나라 기업이 아프리카 가나의 회사에 텔레비전을 팔 때도 있지요. 이때 텔레비전 값으로 가나 돈을 받는다면 얼마나 난처할까요? 가나 돈을 우리나라 돈으로 바꾸는 게 쉽지가 않으니까요. 따라서 가나 회사는 텔레비전 값에 해당하는 돈을 달러로 지급해 줍니다. 우리나라 회사역시 가나에서 코코아를 수입할 때 달러로 대금을 지불하지요. 외환시장과 무역시장에서 이와 같이 달러로 거래를 하는 이유는 달러가 과일시장의 사과만큼 인기가 있기 때문입니다.

알아 두기

기준환율과 재정환율

세계 외환시장에서 가장 많이 거래되는 화폐는 달러입니다. 세계 어느 나라든 달러를 기준으로 화폐 가치가 정해집니다. 이를 기준환율이라고 하지요. 우리나라의 경우 원달러 환율이 기준환율이고, 일본은 엔달러 환율이 기준환율입니다. 그렇다면 우리나라 원화와 영국 파운드화의 환율은 어떻게 결정될까요? 외환시장에서 원화와 파운드화는 직접 거래되지 않습니다. 따라서 각 나라의 기준환율을 통해 계산됩니다.

원달러 환율은 1,200원이고 파운드달러 환율은 0.8파운드라고 가정해 봅시다. 우리나라에서 1달러는 1,200원이고 영국에서 1달러는 0.8파운드라는 뜻입니다. 1,200원과 0.8파운드는 같은 값이므로 1파운드는 1,500원입니다. 파운드화뿐 아니라 엔화와 유로화 등 달러 이외의 화폐는 기준환율을 바탕으로 환율을 계산합니다. 이를 재정환율이라고 합니다.

원달러? 달러원?

"원달러 환율은 2.2원 내린 1,193.5원에서 출발했다."

"달러원 환율은 진일 대비 2.2원 내린 1,193.5원에 개장했다."

같은 날 실린 기사인데 서로 표현 방식이 다릅니다. 차이점이 보이나요? 위에서는 원달러 환율이라고 적었는데, 아래는 달러원 환율이라고 적었습니다. 둘 중 무엇이 맞는 표현일까요?

국제 외환시장에서는 달러 대비 원화 환율을 USD/KRW로 표시합니다. 전 세계에서 널리 사용되는 국제기준에 따르면 달러원이 맞습니다. 그러나 우리나라에서는 정부나 언론은 물론이고 외환전문가도 원달러 환율이라는 표현을 더 많이 사용합니다. 달러원보다 원달러가 듣기도 말하기도 편해서 그렇게 굳어진 것 같습니다. 그러므로 원달러 환율과 달러원 환율은 서로 같다고 생각하면 됩니다. 대신 원달러 환율에서도 달러가 기준입니다. 원달러 환율 1,193.5원은 1달러가 1193.5원이라는 뜻입니다.

구매력평가설

구매력평가설은 각국 화폐의 구매력에 따라 환율이 결정된다는 이론입니다. 금본위제에서는 화폐의 가치와 금의 가치가 일정하게 일치되었으므로 환율을 결정하기가 쉬웠습니다. 예를 들어 1달러는 금 4그램이고 1파운드는 금 8그램이라면 달러와 파운드의 교환 비율은 1달러당 0.5파운드입니다.

제1차 세계대전 당시 전쟁 비용으로 금을 다 써 버려서 금본위제를 할 수 있는 나라가 없었습니다. 환율을 어떻게 정해야 할지 고민할 때 스웨덴 경제학자 카셀의 구매력평가설이 주목을 받았죠. 구매력평가설이란 무엇인지 초 외환시장에서 달러를 원하는 사람이 많아지면 가격은 올라갑니다. 반면에 달러를 팔려는 사람이 많아지면 가격은 내려가겠죠. 이처럼 외환을 사고파는 사람들을 가리켜 외환딜러라고 합니다. 국세 외환시장에서 외환딜러는 싼값에 구입한 외환을 비싼 값에 판매하여 차익을 남기는 일을 합니다. 간단히 말하자면 돈으로 돈을 버는 직업이지요. 외환딜러는 실시간으로 세계정세의 변화를 간파하고 각종 경제 정보를 수집해야 합니다. 현재 우리나라에는 100여 명의 외환딜러가 있습니다. 딜러들이 일하는 사무실은 최첨단 통신 장비와 보안 장치를 갖추고 있어서 일반인은 함부로 들어가지 못합니다. 외환 거래의 최소 단위는 100만 달러이며, 딜러가 책임지고 운영하는 자금은 보통 1억 달러 이상입니다. 2019년 6월 현재 환율을 기준으로 하면 우리 돈으로 1,200억 원 이상을 운용하는 것이죠. 0.1초 안에 100만 달러에서 수천만 달러를 거래해야 하므로 상당한 순발력과 집중력을 요구하는 업무입니다.

▌ 엄청난 금액을 운용하는 외환딜러는 실시간으로 세계정세의 변화를 간파하고 각종 경제 정보를 수집해야 한다.

코파이를 예로 들어 설명해 보겠습니다. 미국에서 초코파이를 2달러에 샀습니다. 그러면 2달러를 다른 나라 돈으로 바꿔도 역시 초코파이를 살 수 있겠죠. 초코파이가 중국에서 4위안이라면 1달러 환율은 2위안이 됩니다.

환율은 두 나라 화폐의 구매력에 따라 결정되는 것입니다. 미국에서 1달러짜리 초코파이가 유럽에서도 1유로라면 두 화폐의 구매력은 같으니 환율도 같아집니다. 구매력평가설은 제1차 세계대전 이후 환율을 결정할 때 유용하게 쓰였습니다.

빅맥지수

빅맥지수는 각국 화폐의 구매력이 얼마나 적정한지 파악하기 위해 만든 지수입니다. 맥도날드의 빅맥 버거는 거의 모든 나라에서 크기나 재료가 같습니다. 구매력평가설에 비추어 보면 빅맥 가격 역시 달러로 환산했을 때 어디서나 같아야 합니다. 과연 그럴까요? 영국의 〈이코노미스트〉지는 각 나라의 빅맥 가격을 달러로 환산해서 비교해 보았습니다. 나라마다 큰 차이가 있었습니다. 각 나라의 화폐 구매력이 미국과 같지 않다는 뜻입니다. 우리나라의 빅맥을 달러로 환산했을 때 미국과 같으면 빅맥지수는 0이 됩니다.

2018년 7월 현재 우리나라 빅맥지수는 약 −27퍼센트입니다. 빅맥의 가격만 두고 본다면 우리나라 원화의 구매력이 달러에 비해 27퍼센트 낮은 것이죠. 미국에서 빅맥 네 개를 먹는다면 그 돈으로 우리나라에서는 다섯 개를 먹을 수 있습니다. 달러와 원화의 구매력에 차이가 나기 때문이지요.

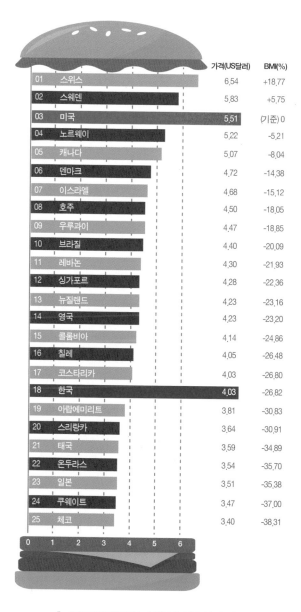

		가격(US달러)	BMI(%)
01	스위스	6,54	+18,77
02	스웨덴	5,83	+5,75
03	미국	5,51	(기준) 0
04	노르웨이	5,22	-5,21
05	캐나다	5,07	-8,04
06	덴마크	4,72	-14,38
07	이스라엘	4,68	-15,12
08	호주	4,50	-18,05
09	우루과이	4,47	-18,85
10	브라질	4,40	-20,09
11	레바논	4,30	-21,93
12	싱가포르	4,28	-22,36
13	뉴질랜드	4,23	-23,16
14	영국	4,23	-23,20
15	콜롬비아	4,14	-24,86
16	칠레	4,05	-26,48
17	코스타리카	4,03	-26,80
18	한국	4,03	-26,82
19	아랍에미리트	3,81	-30,83
20	스리랑카	3,64	-30,91
21	태국	3,59	-34,89
22	온두라스	3,54	-35,70
23	일본	3,51	-35,38
24	쿠웨이트	3,47	-37,00
25	체코	3,40	-38,31

❚ 2018년 7월 빅맥지수 순위(BMI). 자료: 이코노미스트

원달러 환율의 기준은 달러

원달러 환율은 달러의 값을 표기한 것입니다. 2018년 6월에 원달러 환율은 1,069원이었습니다. 2019년 5월, 원달러 환율은 1,195원까지 올랐습니다. 달러의 값이 그만큼 오른 것이죠. 1,000원짜리 아이스크림이 1,200원으로 오른 것과 마찬가지입니다. 달러의 힘이 세졌으니 달러 강세라고 표현합니다. 반면에 달러와 쌍을 이룬 원화는 가치가 내려갑니다. 예전에는 1,000원과 1달러를 바꿀 수 있었는데 이제 1,200원을 줘야 1달러를 받으니까요. 원화의 힘이 약해졌으니 원화 약세라고 표현합니다.

2019년 5월 1,195원이던 원달러 환율은 6월에 1,180원으로 하락했습니다. 달러의 값이 떨어진 것이죠. 달러가 약세인 반면, 원화는 강세가 됩니다. 지난달보다 1달러를 값싸게 살 수 있으니 원화의 가치는 높아졌습니다. 환율 하락이란 달러가 약세이고 원화가 강세라는 뜻입니다.

원달러 환율이 1,000원에서 1,100원으로 상승하면 원화 가치가 오른 것으로 착각할 수 있습니다. 하지만 달러 값이 100원 오른 것입니다. 원달러 환율은 달러의 입장에서 생각하면 됩니다. 환율 상승은 달러 가치의 상승이고, 환율 하락은 달러 가치의 하락입니다.

환율이 상승하면

환율 상승은 달러의 가치(값)가 올랐다는 뜻입니다. 수출업자에게는 희소식이죠. 한 회사가 자동차를 100만 달러어치 수출했다고 가정해 봅시다. 환율이 1,000원에서 1,200원으로 오르면 10억 원이던 100만 달러가 12억 원이 됩니다. 환율 상승을 반기는 것은 수출업자만이 아닙니다. 달러를 들고 우리나라를 찾은 외국인 관광객도 흐뭇합니다. 환율이 1,000원에서 1,200원으로 오르면 1,000달러가 100만 원에서 120만 원으로 늘어나니까요.

수입업자에게는 환율 상승이 가슴 아픈 소식입니다. 환율이 1,000원에서 1,200원으로 오를 경우 결제 금액이 1,000만 원에서 1,200만 원으로 늘어나니까요.

해외로 여행을 떠나는 관광객들도 마찬가지입니다. 해외여행 경비로 1,000 달러를 준비하려면 원화는 얼마가 필요할까요? 환율이 1,000원일 때는 100만 원이 들지만 환율이 1,200원으로 오른 경우에는 120만 원이 듭니다. 환율 상승으로 달러 값이 올랐기 때문이죠. 환율 상승은 달러를 손에 쥔 사람에게 유리합니다.

환율이 하락하면

환율 하락은 달러 가치(값)가 내려갔다는 뜻입니다. 수입업자로서는 결제할 금액이 줄어듭니다. 예를 들어 미국에서 바나나를 100만 달러어치 수입할 경우 환율이 1,000원이면 10억 원이 필요합니다. 환율이 900원으로 떨어지면 9억 원으로 100만 달러와 바꿀 수 있습니다. 환율 하락으로 1억 원을 번 셈입니다.

해외로 여행을 떠나는 관광객이나 유학생 자녀를 둔 부모도 환율 하락이 반갑습니다. 달러 값이 떨어졌으니 달러를 싸게 구입할 수 있거든요. 어느 부모가 미국에 있는 딸에게 1,000달러를 보낸다고 합시다. 환율이 1,000원일 때는 100만 원을 은행에 가져가야 합니다. 환율이 900원으로 떨어지면 90만 원만 내도 1,000달러로 교환해 줍니다. 환율 하락으로 달러 값이 떨어졌으니까요.

환율 하락은 수출업자에게 속상한 일입니다. 한 회사가 자동차를 100만 달러어치 수출했습니다. 환율이 1,000원이라면 10억 원과 바꿀 수 있지만, 환율이 900원이라면 9억 원이 됩니다. 열심히 일하고도 환율 때문에 손해를 볼 수 있는 것입니다.

고정환율제도

고정환율제도는 정부가 환율을 일정한 수준으로 묶어 두는 것입니다. 이를 유지하기 위해 중앙은행이 외환시장에 적극 개입합니다. 가장 전통적인 고정환율제도는 1900년대의 금본위제입니다. 각국은 자국 통화의 가치를 금에 고정시킨 뒤 금과의 교환을 보장했습니다. 예를 들어 영국은 4파운드를 가져오면 금 1온스로 바꿔 주었답니다. 이처럼 예전에는 각국이 주로 고정환율제도를 시행했어요.

고정환율제도를 도입하면 수입 물가가 급격히 오를 일이 없으니 물가 인상의 위험도 줄어듭니다. 수출업자나 수입업자는 환율로 인한 피해를 걱정하지 않아도 되고요.

하지만 돈의 흐름을 억지로 막다 보면 부작용도 만만치 않습니다. 우유를 예로 들어 볼까요? 소비자나 생산자가 만족하는 우유 가격은 1,000원입니다. 그런데 우유 값을 2,000원으로 고정해 놓으면 어떻게 될까요? 공급은 늘어나겠지만 수요가 줄어들어서 우유가 남아돌겠죠.

반면에 우유 한 병 값을 700원으로 고정해 놓으면 소비는 늘겠지만 공급이 줄어서 시장은 혼란스러워집니다. 환율 역시 마찬가지입니다. 환율을 억

지로 고정해 놓으면 수요와 공급이 맞지 않아서 달러가 시중에 넘치거나 부족해집니다.

변동환율제도

변동환율제도에서는 외화의 수요와 공급에 따라 환율이 설정됩니다. 우리나라는 외환위기를 기점으로 자유변동환율제도를 도입했습니다. 환율 변동을 완전히 시장에 맡긴 것이죠. 경제 발전 속도가 더디고 외환 거래가 많지 않다면 고정환율제도가 유리합니다. 반면에 무역 거래와 외환 거래가 늘어날 때는 변동환율제도가 낫습니다. 정부가 환율을 고정하는 데 어려움이 따르거든요. 오늘날에는 변동환율제도를 채택하는 나라가 점차 늘어나고 있습니다.

변동환율제도에도 단점은 있습니다. 수요와 공급에 따라 환율이 정해지다 보니 하루에도 몇 번씩 바뀌거든요. 며칠 사이에 10퍼센트씩 오르거나 내리는 등 환율 변동이 심할 때도 있습니다. 수출업자나 수입업자는 환율 차

전문가 의견

투기 세력은 변동환율제도에서 가장 위험한 존재다. 그들은 엄청난 자금을 동원해서 시장을 이리저리 흔든다. 환율 변동이 심할수록 이익을 얻을 기회가 많아지기 때문이다.

– 왕양 중국의 경제 칼럼니스트

이로 손해를 입기 마련입니다. 이를 환차손(換差損)이라고 합니다. 환율 변동으로 발생하는 손해죠. 환율이 오르면 수입 회사가 손해를 보고, 환율이 내리면 수출 회사가 손해를 입습니다. 환율이 오르내리는 것을 이용해 돈을 버는 환투기 세력이 생겨납니다.

- 환율은 두 가지 화폐의 교환 비율이다. 우리나라의 기준환율은 원달러 환율이다.
- 구매력평가설은 각국 화폐의 구매력에 따라 환율이 결정된다는 이론이다. 빅맥지수는 각국 화폐의 구매력이 얼마나 적정한지 파악하기 위해 만든 지수이다.
- 원달러 환율 상승은 달러 가치의 상승이자 원화 가치의 하락이다.
- 환율 상승은 수출업자에게 유리하고, 환율 하락은 수입업자에게 유리하다.
- 고정환율제도는 환율을 일정한 수준으로 묶어 두는 것이다. 변동환율제도 아래서는 외환의 수요와 공급에 따라 환율이 결정된다.

2장 대한민국의 환율을 고민하다

석유

한 방울 나지 않으며 수입해야 할 물건이 헤아리기 힘들 만큼 많은 나라. 자동차나 선박을 수출해야 살아갈 수 있는 나라. 연간 무역 규모가 1조 달러에 이르는 나라. 바로 대한민국입니다. 외국과 거래가 많다는 것은 외국과 돈을 주고받을 일이 많다는 뜻이죠. 당연히 환율이 중요할 수밖에 없습니다. 따라서 환율에 대한 고민도 깊어질 수밖에 없습니다. 환율을 올려야 할까, 내려야 할까? 외환보유액을 늘려야 할까, 줄여야 할까? 남북 통일이 되면 환율은 어떻게 결정해야 할까? 대한민국의 환율 문제들을 짚어 봅시다.

대한민국 환율의 특징

우리나라 환율은 해외에서 벌어지는 일에 영향을 잘 받습니다. 트럼프가 미국 대통령에 당선되자 우리나라 환율은 즉각 반응했습니다. 미중 무역 갈등이 본격화되었을 때 환율은 춤을 추었죠. 우리나라 환율이지만 우리와 상관없이 움직인다는 뜻입니다.

이명박 정부는 환율 상승으로 원화의 가치가 낮아지면 수출이 잘되고 경제가 성장할 것이라 기대했습니다. 미국과 일본이 이미 달러와 엔화의 가치

▍ 우리나라의 환율은 외적인 요인에 영향을 많이 받는다.

를 낮춰서 수출을 늘렸기 때문이죠. 그러나 결과는 물가 상승과 소득 감소로 인한 서민 경제의 파탄이었습니다. 이유는 우리나라의 환율이 미국이나 일본과 달랐기 때문입니다.

우리나라의 환율 시장은 외부 충격에 민감합니다. 외국인들이 투자한 자금은 순식간에 빠져나가기도 합니다. 또한 투기꾼이 환차익을 얻으려고 외환시장을 얼마든지 어지럽힐 수 있습니다. 무엇보다 우리나라의 원화는 엔화나 달러처럼 국제통화가 아니므로 외환이 부족해지면 대책이 없습니다. 따라서 정부가 환율 정책을 수립할 때는 조심스럽게 접근해야 합니다.

대한민국 환율의 상승과 하락

"원달러 환율이 3년 5개월 만에 최저치로 떨어졌다. 안으로는 북한의 위협 감소와 밖으로는 미국의 달러 약세가 영향을 미친 것으로 해석된다. 전문가들은 환율 하락세가 이어질 것으로 보고 있다. 수출 기업에는 적신호다."라는 기사가 신문에 실렸습니다. 2018년 4월, 원달러 환율이 1,050원일 때 나온 기사입니다.

2019년 5월, 원달러 환율이 1,150원일 때는 다음과 같은 기사가 등장했습니다. "미중 무역 분쟁으로 위화 가치가 급속히 추락하고 있다. 증권시장에서는 환율 상승으로 인해 외국인 자금 이탈이 심해지면서 환율은 더욱 오르고 주가는 더욱 곤두박질칠 전망이다."

1,050원과 1,150원. 환율의 차이는 100원이었지만 두 기사의 온도 차는 컸습니다. 2018년의 기사는 수출을 걱정하고 있고, 2019년의 기사는 달러가 빠

찬성과 반대 환율 상승

찬성
환율 상승으로 원화 가치가 낮아지면 수출기업은 가격 경쟁력을 갖게 된다. 수입품의 가격이 오르므로 소비자들은 국내 생산품을 선택하게 되어서 국내 제조기업에도 유리해진다.

−**백석현** 환율 전문 이코노미스트

반대
환율이 상승하면 물가가 상승한다. 소득은 늘지 않고 물가만 상승하면 하위소득 계층의 삶이 어려워진다. 환율 상승은 기업에만 이익을 주고 다른 쪽에는 소득 감소라는 고통을 안겨 준다.

−**송기균** 경제평론가

져나갈까 봐 염려하고 있지요. 환율이 약간만 움직여도 경제에 미치는 영향이 크기 때문입니다. 그렇다면 환율은 올라야 할까요, 내려야 할까요?

대한민국의 외환보유액

우리나라가 IMF로부터 구제금융을 받을 때 외환보유액은 고작 39억 달러였습니다. 그 뒤로 우리 국민들은 노이로제에 걸릴 정도로 외환보유액에 집착했지요. 모두가 허리띠를 졸라매고 외화를 모으다 보니 3년 만에 1,000억 달러를 모았습니다. 그 뒤로도 외환보유액은 꾸준히 늘어나서 2019년 4월에는 4,040억 달러가 되었습니다.

오늘날 세계 1위에 해당하는 중국의 외환보유액은 3조 2,000억 달러입니다. 그 뒤를 일본이 잇고 있으며 우리나라는 9위에 해당합니다. 이 정도면 안심할 수 있을까요?

순위	국가 또는 지역	외환보유액(백만 달러)
1	중국	3,000,000
2	일본	1,293,499
3	스위스	805,026
4	러시아	518,300
5	사우디아라비아	488,900
6	대만	464,828
7	홍콩	436,400
8	인도	429,911
9	한국	404,031
10	브라질	388,090

▎ 2019년 외환보유액 순위. 출처: 위키피디아 https://en.wikipedia.org/wiki/List_of_countries_by_foreign-exchange_reserves

IMF의 기준을 따르자면 우리나라의 적정 외환보유액은 4,000억 달러 안 팎입니다. 반면에 국제결제은행의 권고 기준을 참고할 경우 우리나라는 4,900억 달러의 외환을 보유해야 합니다. 즉 우리나라의 외환보유액은 IMF의 기준으로는 적정 수준이지만, 국제결제은행의 관점에서는 900억 달러가 부족합니다.

우리나라 정부의 고민이 시작되었습니다. 외환보유액을 늘려야 할까, 말아야 할까? 외환위기나 금융위기를 생각한다면 외환보유액이 많으면 많을수록 좋을 것 같습니다. 그러나 외환보유액을 관리하고 유지하는 비용이 만만치 않습니다. 멀쩡한 달러를 그냥 모셔 두는 것도 비효율적입니다. 게다가

찬성과 반대 외환보유액을 더 늘리자

찬성

외환위기 때는 어느 누구도 우리를 돕지 않는다. 현재의 외환보유액으로는 부족하다. 외환보유고를 두 배로 늘리고 위기에 철저히 대비해야 한다.
－**최기억** 전 금융공학연구소 소장

반대

외환보유고를 늘리고 유지하느라 쓸데없이 많은 비용이 들어간다. 또한 당국이 외환보유고를 쌓는 과정에서 환율이 상승할 수도 있다. 외환보유고를 무작정 높게 쌓을 일이 아니라 외부 충격에 대응할 수 있는 능력을 기르는 편이 낫다.

－**조재성** 경제지 칼럼니스트

달러가 약세로 돌아서면 외환보유고의 가치는 줄어듭니다. 외환당국 내에서도 양쪽으로 의견이 나뉘어 팽팽하게 대립하고 있습니다.

환율과 남북통일

1990년, 동독과 서독이 통일했을 때 서독에서 경제적 손실을 떠안았습니다. 동독 마르크화를 서독 마르크화와 일대일로 교환해 주었거든요. 당시 공식 환율로는 서독의 1마르크화가 동독의 2마르크화였으므로 서독 마르크화의 가치가 훨씬 높았습니다.

앞으로 남한과 북한이 통일하면 화폐의 교환 비율을 정해야 합니다. 독일 통일 당시 1인당 GDP는 서독이 동독의 3배 수준이었습니다. 전문가들에 따르면 남한의 1인당 GDP가 북한의 40배에 이른다고 합니다. 남한과 북한의 격차가 워낙 크기 때문에 독일처럼 일대일로 교환하기는 무리가 따릅니다. 따라서 좀 더 합리적인 환율 정책이 필요하겠지요.

통일한국의 화폐통합 모델로 홍콩과 중국의 경우가 주목받고 있습니다. 홍콩과 중국은 정치적 통합을 이뤘지만 기존 화폐인 홍콩 달러와 위안화를 여전히 사용하고 있습니다. 하나의 나라에 화폐가 두 개인 '1국 2통화' 체제를 운영 중인 것이죠. 중국은 50년간 각자의 통화를 사용한 뒤 통합하겠다고 발표했습니다.

한편 한국 정부는 통일에 앞서 원화의 신뢰도를 높여야 합니다. 즉 해외 자산을 최대한 확보하여 해외 투자자들의 신뢰를 얻는 것이 무엇보다 중요합니다. 그래야 경제나 금융의 충격을 줄일 수 있기 때문이지요.

검은 백조는 있다

백조는 당연히 하얀색입니다. 이 세상에 검은 백조가 존재할 리 없습니다. 그러나 18세기에 서구인들은 오스트레일리아 대륙에서 검은 백조를 발견하고는 깜짝 놀랐습니다. 세계적인 사상가인 나심 탈레브는 그에 빗대어 "위기가 검은 백조처럼 나타난다."고 단언했습니다. 과거에 그런 일이 없었으니 앞으로도 없을 것이라고 확신한 바로 그 순간, 검은 백조가 나타나기 마련이라는 것이죠. 탈레브는 "위기를 막기는 어렵지만 대비책을 강구해야 한다."고 강조했습니다.

1997년 우리나라에 외환위기가 닥치리라고는 그 누구도 상상하지 못했습니다. 1997년 8월에 《조선일보》는 '한국경제 위기 아니다'라는 제목으로 우리나라 경제에 대해 낙관적인 기사를 실었습니다. 그러나 위기는 검은 백조처럼 우리나라를 덮쳤습니다. 안타깝게도 정부는 검은 백조인 외환위기에 대해 아무런 대비책이 없었습니다.

외환위기에 대한 대비책은 환율 지식입니다. 환율을 아는 만큼 세계 경제가 보이기 때문입니다. 따라서 환율에 대한 중요성은 아무리 강조해도 지나치지 않습니다. 지금 이 시각도 환율은 움직이고 있습니다. 환율이 움직인다는 것은 세상이 움직인다는 뜻입니다. 환율과 세상은 맞물린 채 급박하게 돌아가고 있습니다.

- 경상수지가 흑자일 때 환율은 떨어지고, 경상수지가 적자면 환율은 오른다. 금리가 오르면 환율이 하락하고, 금리가 내리면 환율이 상승한다. 통화량이 늘면 환율은 상승하고, 통화량이 줄면 환율은 하락한다.
- 환율 상승으로 달러 값이 오르면 수입 물가와 생필품 물가도 오른다. 환율 상승은 주가를 하락시키고, 환율 하락은 주가를 상승시킨다.
- 대한민국의 외환보유액은 4,000억 달러 안팎이다. IMF 기준에는 적정하지만 국제결제은행의 기준에는 900억 달러가 부족하다.
- 남한과 북한이 통일하면 화폐의 교환비율을 정해야 한다. 남한과 북한의 경제 수준 격차가 매우 크기 때문에 합리적인 환율 정책이 필요하다.

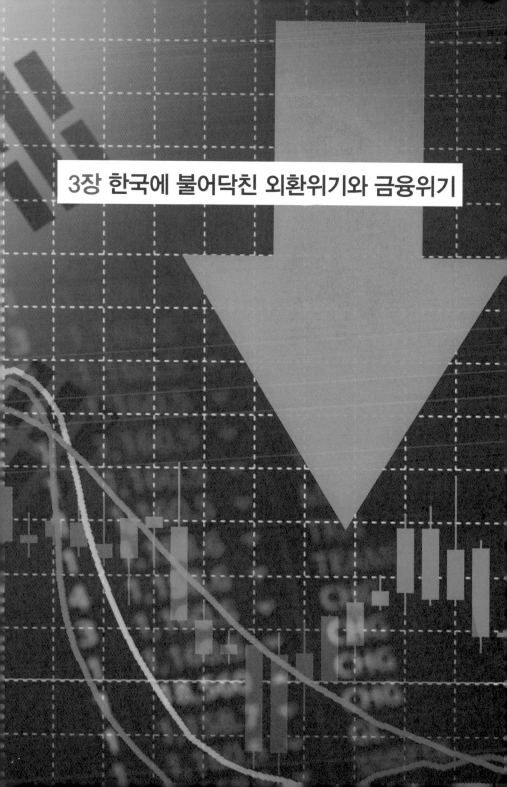

3장 한국에 불어닥친 외환위기와 금융위기

1997년

11월에 찾아온 외환위기는 우리나라를 온통 뒤흔들었습니다. 원화의 가치는 계속 하락했습니다. 1달러에 800원대였던 환율은 2,000원 가까이 치솟았어요. 대우자동차와 해태제과 등 대기업이 외국계 기업에 헐값으로 팔렸으며, 100만 명이 넘는 노동자들이 정리해고를 당해 일자리를 잃었습니다. 2008년에는 엄청난 물가 인상으로 서민들이 고통을 겪어야 했죠. 바로 미국발 세계 금융위기 때문이었습니다. 외환위기와 금융위기에서 나타난 공통점은 환율 폭등입니다.

1997년 외환위기와 외채

1997년의 외환위기는 대기업의 무분별한 부채경영과 종합금융회사의 과도한 외채 때문이었습니다. 기업과 종합금융회사의 빚은 이미 눈덩이처럼 불어난 상태였습니다. 당시 한국 정부는 국민들에게 저축을 장려한 뒤 그렇게 모은 돈을 기업에게 척척 빌려 주었습니다. 한마디로 기업에 무척 관대한 대출 정책을 펼쳤어요. 기업이 커져야 국가 경제가 커진다고 생각했기 때문이에요.

뉴코아와 해태, 아남전자 등 대기업의 부채 비율이 자기자본 총액의 배를 넘었습니다. 자기자본이 1억 원이라면 10억 원 이상을 빌린 것이죠. 사실상 이들은 부실기업이자 **좀비기업**이었습니다. 심지어 30대 기업들조차 빚이 자기자본의 다섯 배에 달했습니다. 게다가 빚의 대부분은 해외에서 빌려온 자금이었습니다.

종합금융회사의 상태도 엉망진창이었습니다. 흔히 종금사로 불리는 종합금융회사는 거의 모든 금융업을 다루는 제2금융기관이었습니다. 해외 자금을 빌리려는 목적으로 설립되었는데 주로 해외의 단기 자금을 빌려와 국내 기업에 장기로 대출해 주었습니다. 예를 들면 3개월 만기의 해외 자본을 잇달아 빌려 2, 3년씩 기업에 빌려주는 식이었죠.

특히 일본은 당시 금리가 1퍼센트에 불과했습니다. 우리나라 30여 개의 종합금융회사는 싼 금리의 엔화를 빌려서 고금리로 국내 기업에 대출해 주었습니다. 또한 태국, 필리핀 등 동남아시아의 기업에도 빌려주었습니다. 예를 들면 1퍼센트의 금리로 엔화를 빌린 뒤 태국 기업에 대출해 주고 5퍼센트씩 금리를 받아 차액을 챙긴 것입니다.

1997년 초, 태국에서 외환이 썰물 나가듯 빠져나갔습니다. 해외 투자자들이 태국의 경제가 불안해지자 너도나도 투자 자금을 달러로 바꾼 뒤 철수했습니다. 그러자 그 여파가 한국까지 미쳤습니다. 태국은 개발도상국이었고, 한국도 그와 유사한 개발도상국이었기 때문에 한국에 투자한 것이 안전할까 하는 의구심을 갖기 시작한 것입니다. 그동안 돈도 잘 빌려주고 대출 기간도 계속 연장해 주던 외국계 은행이 원금을 회수했습니다. 심지어 빚을 갚으라고 재촉하며 압박을 가해 왔습니다.

한국은행의 발표에 따르면 1997년의 단기 부채는 약 637억 달러이고 외환

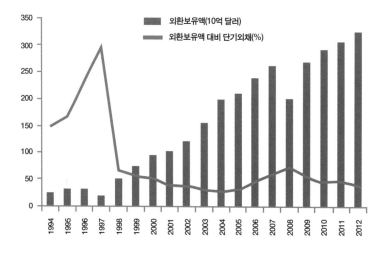

350

■ 외환보유액(10억 달러)
■ 외환보유액 대비 단기외채(%)

300

250

200

150

100

50

0

1994 1995 1996 1997 1998 1999 2000 2001 2002 2003 2004 2005 2006 2007 2008 2009 2010 2011 2012

▎ 1997년 외환보유액은 줄고 단기외채는 급등했다.

보유고는 204억 달러였습니다. 나라의 곳간을 다 털어도 빚을 갚을 수 없었지요. 우리나라 정부는 IMF에 달러를 빌려달라고 손을 내밀었습니다.

1997년 외환위기와 금융자유화

외환위기의 또 다른 이유로 김영삼 정부의 금융자유화가 있습니다. 당시 우리나라는 금융자유화를 도입할 만한 수준이 아니었습니다. 외화보유고도 넉넉지 않았으며, 환율 역시 정부의 정책에 따라 움직였습니다. 그런 상황에서 정부가 금융시장을 개방하자 해외 자본이 마구 밀려들어왔습니다. 미국 달러에 이어 일본 엔화까지 국내 시장으로 유입되었지요. 김영삼 정부 출범 당시 428억 달러였던 외채는 1997년에 1,700억 달러로 증가했습니다. 여기서 주목할 것은 돈이 없어서 빌리는 것도 부채이지만, 해외 투자자들이 한국 기

IMF

IMF는 International Monetary Fund의 약자로서 우리말로 국제통화기금이라고 부릅니다. 세계 여러 나라가 돈을 조금씩 모아서 자금을 마련한 뒤 사정이 어려워진 회원국에 구제금융을 지원해 주는 국제기구입니다. IMF는 빌려준 돈을 돌려받기 위해 구제금융을 지원받은 국가의 경제 정책에 개입합니다. 어느 기업을 정리할지, 노동자를 얼마나 해고할지, 금리는 어떻게 정할지 시시콜콜 간섭하지요.

IMF의 의사결정 방식은 독특합니다. 돈을 더 많이 낸 회원국이 더 많은 표를 행사합니다. 말하자면 1국가당 1표가 아니라 1원당 1표인 셈입니다. 구제금융을 지원하기 위해서는 85퍼센트가 찬성해야 합니다. 2018년에 파키스탄이 IMF에 구제금융을 요청했지만 미국의 반대로 무산되었습니다. 미국이 17퍼센트 이상의 지분을 가지고 있어서 거부권 행사가 가능했기 때문입니다.

우리나라가 외환위기 때 구제금융을 신청하자 미국 재무부장관이 IMF 실무협상단과 같은 호텔에 머물며 훈수를 둔 이유도 미국의 지분이 크기 때문입니다. 우리나라는 IMF의 구제금융을 받은 뒤 구조조정으로 많은 기업이 문을 닫고 애먼 직장인들이 일자리를 잃었습니다. 그래서 IMF를 가리켜 I'm F(나는 F를 받았다) 또는 I'm fired(나는 해고당했다)의 줄임말이라고 비꼬았습니다.

▌ IMF 회원국 대표들이 모여서 회의를 진행하고 있다. 출처: https://dailyreckoning.com/ behind-closed-doors-imf/

업에 투자하면 이익을 얻을 수 있다고 판단해서 투자하는 것도 우리 입장에 서는 부채일 수 있다는 점입니다. 외국인들이 투자한 돈은 언젠가는 돌려주어야 하니까요. 다시 말해서 이때는 우리가 돈이 없어서 빌려달라고 했다기보다는 외국인이 한국 기업에 투자하면 이익을 얻을 수 있을 것 같아서 투자를 한 것입니다.

김영삼 정부는 왜 그렇게 갑자기 금융시장을 개방했을까요? 그 배경에는 OECD가 있었습니다. OECD는 경제협력개발기구라는 국제기구입니다. 미국과 영국 등 경제 선진국으로 구성된 부자나라 클럽이죠. 김영삼 정부는 OECD의 회원국이 되어 자신의 치적으로 만들고 싶었습니다. 개발도상국에서 벗어나 선진국 대열에 들어선다는 의미였으니까요. 그러자 미국이 OECD 가입 조건으로 금융시장 개방을 요구했습니다. 미국은 우리나라의 금융시장을 열면 더 많은 이익을 얻을 수 있다고 판단해 OECD를 이용한 것입니다.

우리나라는 미국과 합의해 주식시장을 개방하고 단기 외채를 허용했습니다. 단기 외채의 경우 기업이 직접 해외에서 돈을 빌리는 것이기 때문에 정부는 그 액수를 파악하기 어렵습니다. 만약 해외 투자자나 해외 은행이 급작스럽게 달러를 거두어들이면 어떻게 될까요? 우리나라가 금융시장을 개방한 순간부터 국가부도의 위기는 시작되었다고 볼 수 있습니다.

1997년 외환위기와 환율 방어

환율 상승을 막으려던 정부의 정책 역시 외환위기를 불러왔습니다. 우리나라는 1994년에 국민소득 1만 달러를 이루어 냈습니다. 그리고 당당하게 OECD 회원국이 되었습니다. 김영삼 정부에게 국민소득 1만 달러는 훈장과 같았습니다.

당시 국민소득 1만 달러는 원달러 환율 800원으로 계산한 것입니다. 만약

사례탐구 금 모으기 운동

외환위기란 달러가 부족해서 생긴 일입니다. 석유나 광물이 풍부했다면 당장 내다 팔아서 달러를 마련했겠죠. 그러나 우리나라는 자원이 부족하기 때문에 달러와 바꿀 만한 것이 없었습니다. 어느 날 기적 같은 일이 일어났습니다. 무려 225톤에 이르는 금을 수출하여 22억 달러를 벌어들인 겁니다. 금광이라도 발견한 것일까요?

금을 팔면 나라 경제에 보탬이 된다는 말에 약 350만 명의 국민들이 금 모으기 운동을 펼쳤습니다. 엄마들은 아이들의 돌반지를 가져왔고 신혼부부는 결혼반지를 내다 팔았습니다. 가수 김건모는 트로피에 붙은 순금을 떼어서 기부했답니다.

그로부터 시간이 꽤 흐른 2008년, IMF 외환위기 때 대기업들이 금을 수출하는 과정에서 탈세를 저질러 부를 축적했다는 사실이 검찰 수사로 드러났습니다. 또한 국민들이 모은 금으로 기업은 수출 실적을 올리고 빚을 갚았다는 사실까지 밝혀졌습니다.

▌ 외환위기 당시 수많은 국민들이 금 모으기 운동에 동참했다.

환율이 900원으로 오르면 국민소득은 약 9천 달러로 줄어듭니다. 따라서 정부는 환율이 오르지 않도록 수시로 다량의 달러를 시중에 풀어서 원화를 거둬들였습니다. 그러다 보니 정부의 외환보유고는 텅텅 비어 갔습니다.

김영삼 정부는 늘 300억 달러를 보유하고 있다고 큰소리쳤습니다. 그러나 막상 금고를 열어 보니 달랐습니다. 2017년 11월 21일 구제금융을 신청했을 때 외환보유액은 고작 127억 달러였습니다. 그리고 같은 해 12월 4일에는 60억 달러만 남게 되었습니다. 정부는 그제야 변동환율제도를 도입했습니다. 원달러 환율은 1,962원까지 치솟으며 1년 전 환율의 두 배를 기록했습니다.

외환위기에 웃는 사람들

외환위기로 모두가 울상을 지을 때 웃는 사람들도 있었습니다. 외국인 투자자들도 그중 하나였습니다. 2000년대 초, 경제가 침체되자 국내 투자자들은 주식을 내다 팔기 바빴습니다. 우리나라 경제에 희망이 없다고 생각했거든요. 경제는 심리입니다. 주가는 절반으로 폭락했습니다.

외국인 투자자들은 생각이 달랐습니다. 2003년과 2004년에 모두 24조 원에 이르는 주식을 샀습니다. 자신들이 가졌던 주식을 대량으로 팔아 주식의 가치를 떨어뜨린 다음 주식을 헐값에 되사들인 것입니다. 우리나라 주식의 외국인 지분율은 44퍼센트까지 올라갔습니다.

500선까지 떨어졌던 주가지수가 2005년에 1,300선을 넘어서자 외국인 투자자들은 주식을 팔기 시작했습니다. 그리고 엄청난 수익을 거뒀습니다. 주가뿐만이 아니라 원화 가치도 올라서 환차익을 얻었기 때문입니다. 환차익이란 환율의 차이로 얻는 수익을 말합니다.

예를 들어 원달러 환율이 1,200원이면 100만 달러는 12억 원입니다. 원달러 환율이 800원일 때 12억 원은 150만 달러가 됩니다. 이처럼 환율이 떨어져서(달러 가격이 떨어져서) 원화 가치가 높아지면(위의 경우 1달러당 1,200원이 800원이 되면) 외국인 투자자들은 수익을 얻게 됩니다. 100만 달러가 150만 달러가 된다는 말입니다. 외환위기는 외국인 투자자들이 환차익을 얻을 수 있는 절호의 기회였습니다. 원화 가치가 낮을 때(1달러당 1,960원) 샀다가 가치가 높을 때(1달러당 1,000원) 팔았기 때문입니다.

2008년 환율 급등 사건

2008년 2월에 이명박 정부가 등장하면서 환율이 급등했습니다. 이명박 대통령이 취임할 때 원달러 환율은 937원이었습니다. 6월에 1달러가 1,000원이

자영업자 수와 비중

┃ 2008년에 600만 명에 이르던 자영업자가 급격히 줄었다. 출처: e─나라지표 www.index. go.kr

되더니 9월에는 1,200원으로 껑충 뛰었습니다. 원화 가치가 1년 만에 50퍼센트 떨어지자 요즘의 터키나 이란과 비슷한 현상이 대한민국에서도 나타났습니다.

제일 먼저 석유 값이 무섭게 올랐습니다. 수입에 의존하던 밀가루와 설탕 등 식자재 값도 덩달아 올랐습니다. 식당이나 제과점은 치솟는 재료비를 감당하지 못하고 문을 닫았어요. 2009년과 2010년 두 해 동안 자영업자는 무려 37만 8,000명이 줄어들었습니다. 외환위기 때보다 심각했습니다. 생필품의 수입 가격이 오르자 물가는 저절로 인상되었습니다.

2009년 우리나라의 국내 소비용 수입품은 약 1,900억 달러였습니다. 환율이 약 330원 오른 셈이니 국민들은 약 63조 원을 더 지불한 셈입니다. 이처럼

사례탐구 이명박 대통령과 짜장면

이명박 대통령은 물가가 치솟자 물가 안정을 위해 52가지 품목을 집중 관리하겠다고 발표했습니다. 그중에는 짜장면도 포함되어 있었지요. 짜장면을 파는 식당의 업주들은 발을 동동 굴렀습니다. 환율 상승으로 밀가루 값이 두세 배 오른 데다 식용유와 해산물 값도 30퍼센트 올랐기 때문입니다. 특히 대형마트에 입점한 짜장면 가게는 울며 겨자 먹기 식으로 짜장면을 팔아야 했습니다. 대형마트가 정부의 눈치를 보느라 짜장면 값 인상을 허용하지 않았기 때문이죠. 그래서 원가도 안 되는 3,500원에 짜장면을 팔아야 했습니다. 환율 인상의 실패를 애꿎은 짜장면 가게 업주에게 떠넘긴 셈입니다. 짜장면 가게 주인들은 한목소리로 외쳤습니다. "이명박 대통령님! 짜장면 값 좀 올려 주세요."

국민들을 고통에 빠트린 환율 급등은 이명박 정부의 고환율 정책의 영향이 컸습니다. 이런 고환율 정책은 기업에는 제품의 가격이 떨어져 수출에 유리하나, 소비자에게는 수입품 등 물가 인상을 초래하여 불리합니다.

이명박 정부의 고환율 정책

경제대통령을 자처했던 이명박 정부는 고환율 정책을 채택했습니다. 달러의 가치를 높여서 경제를 성장시킬 계획이었습니다. 사실 이전의 노무현 정부 때는 환율이 낮아서 수출 기업들은 수익이 잘 늘지 않았습니다. 따라서 이명박 정부의 고환율 정책이 황당무계한 것은 아니었습니다. 이미 미국이나 일본 역시 수출을 늘리고자 기를 쓰고 환율을 올렸으니까요.

이명박 정부는 환율을 상승시키고자 적극적으로 나섰습니다. 당시 경제팀을 이끌던 강만수 재정경제부 장관은 "어느 나라도 환율을 시장에 맡기는 나라는 없다."며 정부가 환율에 개입할 것을 공공연하게 밝혔을 정도죠.

이명박 정부는 시중에 나온 달러를 사들이기 시작했습니다. 2008년 2월과 3월에 우리나라 무역은 25억 달러가 적자였습니다. 그런데도 외환보유고는 23억 달러가 늘었습니다. 계산상 48억 달러를 매입한 것이지요. 시중에 달러가 부족해지자 달러당 환율은 937원에서 1,200원으로 올라갔지요.

외국인 투자자들은 환율 상승으로 원화 가치가 계속 떨어지고 한국 기업 제품의 가격이 올라가 수출이 감소하자 한국 기업에 투자한 금액을 달러로 바꾼 뒤 우리나라를 빠져나갔습니다. 시중에 달러는 더 부족해졌고 환율은 급등했습니다.

이명박 정부도 슬슬 당황했습니다. 이렇게까지 환율이 오를 줄은 몰랐으니까요. 외환보유고는 얼마 남지 않은 상황에서 거액의 단기 외채를 갚을 날이 다가왔습니다. 모든 정부는 국가 경제를 성장시키기 위해 항상 채권을 발행하고(돈을 빌리고) 갚고, 또 빌리고 갚고 합니다. 그러므로 외채가 백퍼센트 나쁜 것은 아닙니다. 국민들은 또다시 외환위기가 닥치는 것은 아닌지 불안에 떨었습니다. 결국 미국의 **연방준비은행**에서 300억 달러를 빌려오고서야 급한 불을 끌 수 있었습니다.

고환율 정책의 피해

이명박 정부의 고환율 정책으로 경제는 오히려 뒷걸음질했습니다. 노무현 정부 시절에 5.3퍼센트에 이르던 경제성장률이 이명박 정부에서는 1.6퍼센트로 떨어졌거든요. 이유가 뭘까요? 이명박 정부의 바람대로 수출은 늘고 기업 실적은 좋아졌습니다. 삼성전자의 경우 2009년에 약 11조 원의 영업이익을 냈어요. 그중 3조 원은 환율 상승으로 인해 하늘에서 뚝 떨어진 돈이었죠. 삼성뿐만 아니라 LG, 현대 등 대기업의 수익이 급등했습니다. 이명박 정부의 친기업 정책 때문이었지요.

문제는 환율 상승 덕분에 발생한 수익금이 국내 투자로 연결되지 않은 것입니다. 대기업은 벌어들인 돈으로 인건비가 덜 드는 해외에 공장을 짓고 시설을 늘렸습니다. 그리고도 남은 돈은 현금으로 꼭 쥐고 있었어요. 한국거래소의 발표에 따르면 2009년 말 10대 그룹의 현금성 자산이 1년 만에 8조 300억 원 증가했습니다.

환율은 상대적이라 수출 기업의 이익이 짭짤했다면 그만큼 손해를 보는 쪽이 있기 마련입니다. 바로 수입업체와 앞에서 말한 개인들입니다. 예를 들

집중탐구 **금융위기와 환율 급등**

이명박 정부는 환율 급등을 미국의 금융위기 탓으로 돌렸습니다. 과연 그럴까요? 당시 다른 나라는 달러 대비 환율이 크게 상승하지 않았습니다. 2008년 1월부터 2009년 2월까지 주요 국가의 환율 변화를 보면 알 수 있습니다. 대만 달러는 8.7퍼센트 상승했습니다. 중국은 달러 대비 위안화가 오히려 4.8퍼센트 줄어들었으며 일본 엔화 역시 8퍼센트 감소했습니다. 유로화는 무려 14.8퍼센트 하락했습니다. 이런 상황에서 한국만 62퍼센트의 환율 상승을 보였습니다. 즉 당시 환율 상승과 금융위기는 관련이 있다고 보기 힘듭니다.

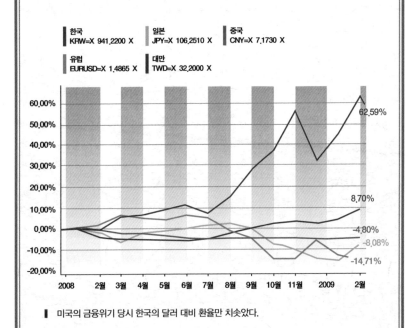

한국	일본	중국
KRW=X 941.2200 X	JPY=X 106.2510 X	CNY=X 7.1730 X

유럽	대만
EURUSD=X 1.4865 X	TWD=X 32.2000 X

▌ 미국의 금융위기 당시 한국의 달러 대비 환율만 치솟았다.

어 500억 달러어치 원유를 수입하는 업체가 있다고 가정해 봅시다. 환율 상승으로 달러 값이 329원 올랐습니다. 수입업체는 16조 4,500억 원을 더 지불해야 했습니다. 실제로 2009년 한 해에 원유 수입업체가 겪은 일입니다. 원유 수입업체로서는 타격이 이만저만이 아니었습니다. 그래서 손해를 소비자에게 떠넘겼습니다. 환율 상승으로 인한 손실을 석유 가격에 반영한 것이죠. 리터당 1,500원이던 휘발유는 2,000원으로 인상되었습니다. 국민들이 고환율의 피해자가 된 것이죠.

이명박 정부는 고환율 정책을 통해 수출 기업의 이익이 늘어나면 투자뿐 아니라 고용도 활발해질 것으로 기대했습니다. 그러나 통계청의 실업률 통계를 보면 과거와 큰 차이가 없었습니다. 결국 고환율 정책은 대기업에 막대한 이익을 선사해 주었을 뿐입니다. 반면에 물가가 치솟아서 서민들은 가계 빚만 늘었습니다. 대한민국의 경제는 후퇴했고, 빈부의 격차는 심해졌습니다.

간추려 보기

- 1997년의 외환위기는 과도한 외채와 부족한 외환보유고로 인해 발생했다.
- 외채가 과도하게 늘어난 이유는 김영삼 정부의 금융자유화 정책 때문이다. 또한 외환보유고가 부족했던 건 환율을 방어하느라 정부가 시시때때로 외환보유고를 축냈기 때문이다.
- 2008년에 환율 급등으로 물가가 치솟는 바람에 서민들의 경제는 파탄났다.
- 환율 급등의 원인은 이명박 정부의 고환율 정책이었다. 대기업의 수익은 늘었으나 서민의 소득은 줄어서 양극화가 더욱 심해졌다.

4장 세계 주요국이 환율을 좌우하다

2016년, 트럼프가 미국 대통령으로 뽑혔습니다. 중국의 시

진핑 주석은 트럼프에게 전화로 당선 축하 인사를
건네며 양국의 협력을 강조했습니다. 트럼프 당선인은 시진핑 주석에게 미중
관계는 보다 발전할 것이라 약속했지요. 두 나라 정상은 화기애애한 분위기
를 연출했습니다.

그러나 2018년부터 양국 사이에 갈등이 불거지더니 2019년에는 무역 전쟁
이 본격화되었습니다. 미중 무역 전쟁은 환율 전쟁으로 번졌습니다. 트럼프
는 중국이 위안화의 환율을 조작했다며 맹렬하게 비난했습니다. 미국에게
중국의 고환율 정책은 무기나 마찬가지입니다. 일본 역시 국내 위기를 벗어
나려고 환율을 십분 활용하고 있지요.

미국의 양적완화정책

미국은 2008년부터 화폐를 양껏 발행하는 **양적완화**정책을 도입했습니다.
2008년에 발생해 전 세계에 영향을 끼친 금융위기를 벗어나기 위한 수단이었
죠. 당시 미국은 부동산 거품이 꺼지면서 주택 가격이 뚝뚝 떨어졌어요.

주택을 담보로 대출을 해 준 은행이나 투자기관들은 줄줄이 부도를 맞을

판이었습니다. 빌려준 돈을 돌려받기가 어려워졌으니까요. 미국 4위의 글로벌 투자은행인 리먼브라더스가 파산하더니 미국 최대 보험회사인 AIG와 미국 4대 은행 중 하나인 시티그룹조차 휘청거렸습니다. 미국의 3대 자동차 회사인 포드와 크라이슬러, GM도 정부에 도움을 요청했지요.

미국은 금융위기를 넘기려면 7,000억 달러의 구제금융이 필요했습니다. 우리나라가 외환위기 때 국제통화기금인 **IMF**로부터 210억 달러를 지원받았으니 미국이 얼마나 큰 위기에 처했는지 짐작할 수 있겠지요. 그렇다면 과연 미국도 우리나라처럼 IMF에서 돈을 빌렸을까요? 또 혹독한 구조조정을 겪었을까요?

미국은 그럴 필요가 없었답니다. 기축통화를 발행하기 때문이죠. 기축통화란 국제간의 결제나 금융 거래의 기본이 되는 돈을 말합니다. 쉽게 말해서 지금 우리가 일본과 거래하면서도 일본 돈인 엔이나 한국 돈인 원으로 주고받지 않고 미국 돈인 달러를 주고받는데, 이처럼 무역 등을 할 때 결제되는 돈을 기축통화라고 합니다(64P 참조). 기축국인 미국은 달러를 마구 찍어 내면 그만이었거든요. 경기가 침체됐다는 이유로 화폐 발행은 계속되었습니다. 2008년부터 2014년까지 7년 동안 찍어 낸 돈이 자그마치 4조 달러에 달합니다.

만약 미국이 가난하고 힘이 없는데 화폐를 대책 없이 발행했다면 어떻게 됐을까요? 국가 전체가 혼란스러워지고 서민 경제는 파탄이 났겠죠. 남미의 베네수엘라가 그런 경우였습니다. 베네수엘라 정부에서 볼리바르화를 지나치게 많이 찍어 냈거든요. 볼리바르화는 종잇조각이나 다름없어졌습니다. 과도한 인플레이션이 발생했기 때문입니다.

❚ 베네수엘라의 화폐인 볼리바르화를 접어서 만든 공예품. 이 공예품의 가치가 이걸 만드는 데 들어간 화폐의 가치보다 훨씬 크다.

인플레이션이란 통화량이 늘어나 화폐 가치가 떨어지고 모든 상품의 물가가 전반적으로 오르는 경제 현상을 일컫지요. 그야말로 초인플레이션이 일어난 베네수엘라에서는 볼리바르화로 종이 공예품을 만들어 파는 기현상이 벌어지기도 했습니다. 볼리바르화가 얼마나 가치가 떨어졌으면 공예품 재료로까지 사용되었을까요?

미국은 다릅니다. 미국은 자국 통화인 달러가 세계의 기축통화이기도 하기 때문에 달러를 과다 발행해도 문제가 덜합니다. 미국은 세계의 기축통화국이 될 정도로 경제적인 규모와 영향력이 크기 때문이지요. 달러는 세계에서 가장 많이 거래되는 화폐입니다. 또한 각국에서 그것이 경제에 미치는 파급력을 고려해 외환보유액에 늘 신경 써야 하는 외화입니다. 금융위기 이후 미국이 마구 찍어 낸 달러는 자국의 경제를 구한 뒤 세계 곳곳으로 퍼져 나갔습니다.

집중탐구 미국의 금융위기

2008년 미국의 금융위기는 세계의 경제를 얼어붙게 만들었습니다. 금융위기의 원인은 주택담보대출이었습니다. 미국도 원래 주택담보대출을 받기가 까다로웠습니다. 신용이 가장 좋은 이른바 프라임등급에게만 주로 대출을 해 주었지요. 하지만 미국의 부가 소수의 부유층에만 집중되고, 이에 국민들의 불만이 커지자 미 정치권이 위협을 느끼게 되었습니다. 이를 해소하기 위해 미국 정부는 국민들에게 더 많은 대출을 제공하여 주택보유율을 높이는 정책을 실시했고, 은행과 투자회사는 신용이 좋지 않은 등급에게까지 대출을 확대했습니다. 대출을 받기가 쉬워지자 너도나도 돈을 빌려 집을 사면서 집값은 더욱더 치솟았습니다. 미국 연방준비위원회는 급등하는 물가를 진정시킬 생각으로 금리를 올렸지요. 그러자 집값이 떨어지면서 대출금을 갚지 못하는 사람들이 폭발적으로 늘어났습니다. 금융기관들은 빌려준 돈을 거의 다 떼였습니다.

급기야 2008년 9월, 미국 4위의 투자회사인 리먼브라더스가 파산을 선언하면서 그 충격이 세계로 퍼졌습니다. 당시 세계 주요 금융기관이 입은 피해는 1조 4천억 달러에 이릅니다. 2009년의 세계 경제성장률은 1961년 이래 처음으로 마이너스를 기록했습니다.

미국의 달러 가치 하락

미국 정부의 4조 달러에 이르는 양적완화정책으로 달러 가치가 떨어졌습니다. 양적완화정책은 은행의 **기준금리**를 올리지 않고 국채를 통해 통화를 푸는 정책을 말합니다. 달러 가치의 하락은 미국의 수출에 청신호였어요. 화폐 가치가 떨어지면 수출품의 가격이 내려가서 수출이 늘어나거든요.

유럽의 유로화를 예로 들어 생각해 볼까요? 달러의 가치가 내려가자 유럽에서 미국 제품의 가격이 떨어졌습니다. 이전에는 유럽에서 1,000유로로 1,200달러짜리 미국 제품을 샀다고 가정해 봅시다. 환율이 내리자 1,000유로를 내면 1,500달러짜리 미국 제품을 살 수 있게 되었어요. 또는 800유로로 1,200달러짜리 미국 제품을 구매할 수 있게 되었지요.

유럽뿐만이 아니었어요. 달러 가치가 하락하자 미국 제품은 해외 시장에서 불티나게 팔렸습니다. 금융위기로 전 세계가 불황을 겪었지만 정작 불황의 원인을 제공한 미국의 경제가 가장 빨리 회복세로 돌아섰지요. 달러의 가치를 떨어트린 미국의 양적완화정책은 한마디로 '환율 정책'이나 다름없습니다.

양적완화

양적완화는 중앙은행이 발권력을 이용하여 국채나 기업 혹은 개인이 가지고 있는 일정 등급 이상의 채권을 매입해서 시장에 돈을 더 공급한다는 뜻입니다. 중앙은행이 화폐를 발행하여 채권을 매입하는 것은 채권 시장의 수요와 공급의 논리에 기반을 두지 않습니다. 시장의 경제를 부양하기 위해 의도적으로 시장에 통화량을 늘리려는 정부의 경제 정책입니다.

미국의 딜레마

미국은 달러 강세와 달러 약세 사이에서 언제나 고민하고 있습니다. 100달러 지폐의 제조원가는 50센트 정도에 불과합니다. 그런데도 찍어 내기만 하면 세계 곳곳에서 구입해 주지요. 미국의 달러가 가장 강력하고 안전한 자산이기 때문입니다. 달러가 안전하다는 것은 달러를 가지고 있으면 환율 하락 같은 이유로 손해를 볼 가능성이 낮다는 의미입니다. 그렇기 때문에 달러 같은 안전자산은 실물 경제와 반대 방향으로 움직이려는 경향을 보입니다. 경기가 좋지 않을수록 요긴하게 쓰이는 것이죠.

한국은행이 발표한 '2019년 5월 말 외환보유액'에 따르면 1위는 중국으로 3조 950억 달러를 보유하고 있으며 2위는 일본(1조 2,935억 달러)입니다. 미국이 몇 푼 안 들이고 만든 달러를 두 나라가 아주 비싸게 구매해 준 셈입니다. 우리나라는 외환보유액이 4,040억 달러로 세계 9위입니다.

그런데 달러의 공급이 늘어날수록 달러의 가치는 떨어집니다. 달러가 약세라는 뜻이지요. 이러다가 각국이 보유하고 있는 달러를 몽땅 내다 팔지는 않을까요? 어느 순간 달러가 종잇조각처럼 되지는 않을까요?

실제로 제2차 세계대전 이후 미국의 기축통화국 지위가 흔들린 적이 있습니다. 미국의 닉슨 대통령이 경기 부양을 위해 돈을 마구 찍어 냈습니다. 당시 미국은 수년간 인플레이션이 10퍼센트를 초과했는데요. 이에 프랑스는 달러를 신뢰하기 힘들다며 미국 주도의 브레튼우즈 체제(사실상 미 달러를 기축통화로 인정한 국제회의)에서 탈출하려는 시도를 한 적이 있습니다. 하지만 폴 볼커가 미국 연방준비제도이사회 의장으로 취임한 이후 강력하게 인플레이션을 진압해 1980년대 들어서 미국은 다시 기축통화국 지위를 확보했습니다. 연방준비제도이사회는 미국의 중앙은행인 연방준비제도(Fed: Federal Reserve System)의 의사결정 기관입니다.

미국 정부 입장에서는 달러가 강해져야만 합니다. 양적완화정책을 손쉽게 활용할 수 있는 기축통화국으로서의 지위를 유지해야 하거든요. 동시에 미국은 달러가 약해지기를 바랍니다. 달러의 가치가 낮을수록 수출에 유리하니까요. 수출이 잘되면 미국 경제가 활력을 되찾겠죠. 또한 소비자들은 값비싼 수입품보다는 저렴해진 미국산 제품을 찾을 겁니다.

미국은 강달러 정책과 약달러 정책 사이에서 아슬아슬하게 줄타기를 하고 있습니다. 이것이 달러를 둘러싼 미국의 딜레마입니다. 미국의 경제 관료들은 강달러를 유지하겠다고 입버릇처럼 말합니다. 하지만 속내를 들여다보면 약달러 정책을 고수하고 있지요. 심지어 트럼프 대통령은 "달러가 너무 강해서 국내 기업이 어려워지는 것을 원치 않는다."라며 노골적으로 약달러 정책을 옹호합니다.

기축통화국

기축통화란 국제간의 결제나 금융 거래의 기본이 되는 화폐를 말합니다. 기축통화가 되려면 나라의 금 보유량이 압도적인 전 세계 1위여야 합니다. 또한 전 세계에서 사용되어야 합니다. 그러려면 국내에 있는 돈보다 국외에 있는 돈이 훨씬 많아야 하죠. 그러기 위해서 어마어마한 무역 적자를 감수해야 한다는 겁니다. 달러를 공급하기 위해 다른 나라의 물건을 사주어야 달러가 그 나라에 공급되기 때문입니다. 그뿐만이 아닙니다. 첨단 금융시장이 존재해야 하고 국가 신용도와 물가가 안정되어야 합니다. 이 모두를 충족시키는 국가는 현재로선 미국밖에 없습니다. 그래서 달러가 기축통화가 된 것이지요.

기축통화는 무역통화(거래통화)와 혼동하기 쉽지만 단순히 무역 거래에서 쓰이는 통화만을 말하지 않습니다. 세계적으로 통화 신뢰도가 높으면서 유통량이 충분해야 기축통화라 할 수 있지요. 금본위제에서 미국 달러 중심의 통화 체제로 넘어간 이유는 실제 금이 세계 경제를 떠받들 만큼 많지 않기 때문입니다. 그래서 기축통화국은 항상 무역적자를 감내해야 하는 운명을 가

전문가 의견

세계의 기축통화로서 달러의 장기적인 강세는 좋은 일이다. 이는 미국 경제의 신뢰와 힘을 나타낸다.

— 스티븐 므누신 미국 재무장관

집니다. 그리고 달러라서 기축통화가 된 것이 아니고, 미국이 전 세계에서 가장 크고 강력한 경제를 지니고 있기 때문에 달러가 기축통화가 된 것임을 잊지 말아야 합니다.

환율조작국

환율조작국이란 환율을 조작하는 국가를 말합니다. 정부가 수출을 늘리려고 외환시장에 끼어들어 환율을 조작하는 것이죠. 강달러와 약달러 사이에서 줄타기를 하던 미국은 환율조작국이라는 카드를 들고 나왔습니다. 달러의 가치를 낮추기 어려우니 상대국 화폐의 가치를 올리겠다는 속셈이었죠. 환율조작국으로 지정되면 미국과의 교역에서 각종 불이익을 당하게 됩니다.

1988년에 미국은 우리나라를 환율조작국으로 지정했습니다. 그러자 그해에 141억 달러였던 **경상수지** 흑자는 1989년에 50억 달러로 줄더니 1990년에는 22억 달러의 적자를 기록했습니다. 원화의 가치가 20퍼센트 올라갔고 이에 수출 제품의 가격도 덩달아 올라갔기 때문입니다. 800원에 수출하던 물건이 1000원에 팔리니 수출이 줄 수밖에 없었다는 얘깁니다. 그러니 미국이 환율조작국 발표를 할 때마다 우리나라는 조마조마해질 수밖에 없습니다.

미국은 해마다 두 차례 환율조작국을 발표합니다. 2019년 상반기에는 우리나라를 비롯해 중국, 일본, 싱가포르, 베트남 등 9개 국가를 환율관찰대상국으로 지정했습니다. 이로써 우리나라는 7회 연속 환율관찰대상국이 되었어요. 환율관찰대상국으로 지정한다는 것은 환율에 개입하는지 눈여겨보겠다는 뜻입니다.

양적완화정책으로 스스로 환율을 조작한 미국이 다른 나라의 환율정책을 비난하고 있으니 모순(矛盾)으로 느껴질 일입니다. 양적완화정책은 통화유통량을 늘려 자국 화폐의 가치를 떨어뜨림으로써 주변국을 가난하게 만든다는 비판을 사고 있지요.

아베노믹스

아베노믹스(Abenomics)는 일본의 아베 총리가 2012년부터 일본의 침체된 경제를 구하겠다며 내놓은 정책을 말합니다. 일본은 1990년부터 경기가 얼어붙었습니다. 엔화 가치가 치솟아 수출품 가격이 오르는 바람에 수출기업에 타격이 컸습니다. 더구나 부동산과 주식의 가격이 폭락하면서 경제는 성장을 멈추었죠.

아베는 양적완화정책을 추진했습니다. 중앙은행에서 돈을 발행해 화폐의 양을 늘린 것이죠. 당시 일본은 물가가 하락할 정도로 경기가 침체된 상태였습니다. 다들 허리띠를 졸라맨 채 돈 쓸 생각을 하지 않았거든요. 경기가 계속 부진할 것으로 예상되니까 미래를 위해 소비를 줄인 겁니다.

만약 일본 내에 화폐량이 증가하면 엔화 가치가 떨어지고 물가는 인상됩

엔-달러 환율 추이
단위: 1달러당 엔, 일별 종가 기준

10월 1일 오전 장중
달러당 110엔대 돌파

— 2008년 8월(종가)
달러당 110엔대

계속 하락하던 엔달러 환율은 2012년 아베노믹스 이후 상승했다. 엔화의 가치가 떨어진 것이다.

니다. 물가 인상은 기업 매출 증가와 근로자 고용으로 이어져서 소비도 활발해지겠지요. 특히 아베가 노린 것은 수출 증가였습니다. 엔화 가치가 떨어지면 수출품 가격이 낮아져 수출 증가로 이어질 테니까요.

아베노믹스로 10년 동안 110조 엔 이상의 돈이 시중에 풀렸습니다. 엔화 가치가 하락하여 1달러가 77엔에서 110엔대로 되었습니다. 즉 10달러를 내고 770엔짜리 물건을 샀던 해외 소비자들은 10달러에 1,100엔짜리 물건을 구매할 수 있게 된 것입니다. 그만큼 일본 제품의 가격이 하락한 것이죠.

해외 시장에서 가격 경쟁력이 생기니 수출이 늘어났어요. 수출기업은 수익이 올라가자 직원을 더 뽑았습니다. 물론 양적완화정책의 부작용도 만만치 않았습니다. 우선 정부의 빚이 엄청나게 늘어납니다. 국채를 많이 발행하니 국가의 빚이 늘어날 수밖에 없지요. 그래도 아베 정부는 양적완화정책을 포기하지 않았습니다. 엔화의 가치를 떨어뜨려 수출시장에서 가격 경쟁력을 갖는 것이 더 중요했으니까요.

근린궁핍화정책

근린궁핍화정책이란 자국 경기를 회복시키려고 다른 나라의 경제를 궁핍하게 만드는 정책을 말합니다. 미국과 일본이 양적완화정책을 추진하면서 화폐의 가치를 떨어트린 것이야말로 근린궁핍화정책에 해당합니다. 주변 국가가 수출로 얻게 될 이익을 가로채는 셈이니까요.

일본이 엔화를 양껏 찍어 내자 우리나라는 어떤 영향을 받았을까요? 2010년에는 100엔이 1,000원이었습니다. 아베의 양적완화정책으로 100엔이 880원이 되어 엔화의 가치(가격)가 낮아지고 원화의 가치(가격)는 올라갔습니다.

2010년에 우리나라 원화로 1,000원을 내면 100엔짜리 과자를 샀는데, 2014년에는 880원만 내도 100엔짜리 과자를 살 수 있었지요. 해외 시장에서 일본 제품이 싼 값에 팔리는 것이죠. 일본 수출품이 가격 경쟁력을 확보하자 우리나라는 자동차와 전자제품, 철강 등의 수출에 타격을 입었습니다.

미국이나 일본이 양적완화정책을 펼치면 다른 나라들은 수출이 줄어들 수밖에 없습니다. 주로 저렴한 가격을 경쟁력으로 삼는 개발도상국이 그렇겠죠. 개발도상국이 다시 가격을 내려 경쟁하려 든다면 무역시장은 혼란에 빠질 수밖에 없습니다. 양적완화정책은 결국 시장의 수요와 공급의 논리에 기반을 두지 않은 정책으로, 세계 경제를 어지럽히는 행위입니다.

중국의 환율정책

중국 정부는 적극적으로 위안화의 가치를 낮추며 환율을 조종하고 있습

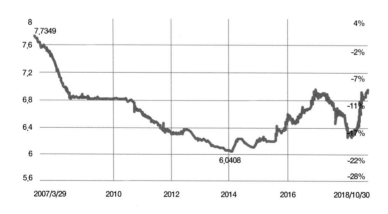

┃ 중국은 정부가 적극 개입해 위안화 가치를 떨어뜨려 환율을 올린다. 출처: 시나닷컴

관리변동환율제

환율을 안정시키기 위해 정부가 외환시장에 개입하는 제도를 말합니다. 변동환율제는 고정환율제와 달리 외환시장의 수요와 공급에 따라 환율이 자유롭게 결정되는데, 이는 중앙은행이 개입하지 않는 자유변동환율제도와 관리변동환율제도로 나뉩니다.

대부분의 국가가 변동환율제도를 채택하고 있으나 자유변동환율제도를 사용하는 나라는 많지 않습니다. 외환시장의 수요와 공급에만 의존하지 않고 정부가 직간접으로 규제하는 관리변동환율제를 채택하고 있지요. 이는 환율이 지나치게 변동하면 환투기나 환리스크 부담이 초래되는 등 실물경제가 불안정해지는 것을 막기 위함으로, 주로 개발도상국들이 관리변동환율제를 사용합니다..

한국은 1990년 3월 이후 매일 매매기준율을 정하고 가격 변동의 상·하한 폭을 두는 시장평균환율제도를 운영해 오다가 1998년 12월 IMF 구제금융 이후 하루 변동폭을 철폐, 매매기준율을 정하고 거래가 시작된다는 점에서 자유변동환율제에 가까운 제도를 운영하고 있습니다.

전문가 의견

각국 정부가 환율을 어떻게 관리하든 그 목적은 하나다. 바로 자국에 유리한 환율 환경을 만드는 것이다. 정부는 환율을 통해 경제를 안정시키고 투자를 유인하며 무역을 촉진한다.

– 왕양 중국의 경제 칼럼니스트

니다. 중국의 경제성장률은 2003년 이후로 해마다 9퍼센트를 넘어섰습니다. 해외 투자자들은 달러를 들고 중국으로 몰려갔지요. 그렇다면 시중에 달러가 넘칠 테니 달러의 가치는 떨어지고 위안화의 가치는 올라가야 합니다. 그러나 몇 년 동안 위안화의 가치는 꿈쩍도 하지 않았습니다. 중국 정부가 시중의 달러를 사들이며 위안화의 가치가 오르는 것을 억지로 막았거든요. 중국의 환율은 2006년까지 1달러당 8위안이었습니다.

2008년에 발생한 미국의 금융위기 이후 중국은 환율을 1달러당 6.8위안에 고정했습니다. 2010년 **관리변동환율제**를 도입하면서 위안화의 가치가 올라갔습니다. 급기야 2015년에는 위안화의 가치가 치솟아서 1달러당 6위안이 되자 중국 정부는 불안해졌습니다. 2015년 8월 중국 정부는 기습적으로 위안화 가치를 5퍼센트 낮춰서 위안화달러 환율은 6.4위안이 되었습니다.

세계 시장은 혼란에 빠졌습니다. 우리나라 무역 시장도 중국의 저렴해진 제품에 영향을 받았죠. 당시 미국 대선후보였던 도널드 트럼프는 "중국의 위안화 가치 하락은 미국의 피를 빨아먹는 짓"이라며 맹비난했습니다. 중국은 아랑곳하지 않았어요. 오히려 위안화 가치가 오를 때마다 정부가 개입했습니다. 그 결과 2019년에는 1달러당 7위안까지 위안화 가치가 떨어졌습니다.

중국과 미국의 환율 전쟁

2019년 5월, 중국과 미국은 무역 협상이 깨지자 무역 전쟁을 선포했습니다. 무역 전쟁은 이내 환율 전쟁으로 번졌습니다. 미중 무역 협상은 왜 깨졌을까요? 미국은 협상안에 중국의 환율 개입 금지에 대한 조항을 넣었습니다. '중국 정부는 앞으로 위안화 가치를 떨어트리는 일에 끼어들어서는 안 된

사례탐구 관세 부과와 환율

미국에서 100달러짜리 중국 제품에 관세를 10퍼센트 부과하면 110달러가 됩니다. 미국 소비자는 좀더 싼 물건을 찾을 테니 중국은 수출에 타격이 크겠죠. 그러나 환율 상승으로 위안화 가치가 떨어진다면 100달러짜리 제품을 90달러에 팔아도 주머니에 들어오는 위안화는 똑같습니다. 중국이 만약 위안화 가치를 낮춰 90달러에 수출하면 관세 10퍼센트를 붙여도 99달러에 판매됩니다. 관세 부과를 환율 상승으로 막는 셈이지요.

다.'라는 내용이었어요. 앞으로 중국이 환율에 개입하면 미국에서 무조건 **관세**를 부과하겠다는 사항까지 덧붙였습니다. 미국 입장에서는 그동안 괘씸했던 중국의 환율 개입 문제를 확실히 매듭짓고 싶었던 것이죠.

중국은 무역 협상을 거부했습니다. 환율 문제까지 감 놔라 배 놔라 하는 미국의 요구를 받아들일 수 없었겠죠. 그러자 미국은 2천억 달러 규모의 중국산 수입품에 25퍼센트의 관세를 물리겠다고 으름장을 놓았습니다. 중국은 가만히 당하고 있지 않았습니다. 중국이 위안화 가치를 낮출지도 모른다는 이야기가 흘러나왔습니다. 위안화 가치를 낮추면 관세폭탄은 의미가 없어지죠.

중국이 환율 카드를 만지작거리자 미국은 환율 상계관세로 맞받아쳤습니다. 자국의 화폐 가치를 억지로 떨어뜨리는 국가에 그만큼 관세를 더 부과하겠다는 것입니다. 상계관세(相計關稅)는 국제무역에서 차별 관세의 하나죠.

수출국이 수출 보조금이나 장려금을 지급해 수출 가격을 부당하게 싸게 하는 경우 수입국이 그 효과를 없앨 목적으로 정규 관세 이외에 부과하는 것입니다.

미국과 중국의 환율전쟁은 점차 가열되고 있습니다. 미중 무역전쟁의 승패는 환율에 달려 있습니다.

간추려 보기

- 미국은 양적완화정책으로 달러의 가치를 낮춰 수출을 늘렸다. 또한 환율조작국을 지정함으로써 세계 여러 나라의 화폐 가치가 낮아지는 것을 막고 있다.
- 일본은 양적완화정책으로 엔화의 가치를 낮춰 수출을 회복시킴으로써 경기를 살렸다.
- 근린궁핍화정책은 다른 국가의 경제를 궁핍하게 만들어 자국의 경기 회복을 도모하는 것이다. 미국과 일본이 양적완화정책을 추진하여 자국 화폐의 가치를 떨어트린 것은 주변 국가가 수출로 얻게 될 이익을 가로챈 것이므로 근린궁핍화정책이라 말할 수 있다.
- 중국은 환율에 개입하여 위안화의 가치를 낮추려 했다. 이것은 해외 시장에서 가격 경쟁력을 얻기 위해서였다. 미국은 중국과 무역협상을 통해 중국의 환율 개입을 막으려 했다.

5장 기축통화 자리에 오른 달러

옛날 옛적에도 나라와 나라 사이의 무역은 활발했습니다. 각국 상인들은 경제력이 가장 막강한 나라의 화폐로 물건을 사고팔았죠. 고대에 널리 사용되던 화폐는 아테네의 드라크마 은화였습니다. 기원전 1세기에는 로마제국의 은화가 최고였지요. 아테네의 드라크마화나 로마제국의 은화처럼 세계적으로 널리 통용되는 화폐를 기축통화라고 합니다.

▌ 기원전 1세기를 대표했던 로마제국의 은화.

오늘날 세계인들이 무역시장에서 가장 많이 거래하는 화폐는 달러입니다. 달러가 기축통화(基軸通貨, Key Currency)라는 뜻이지요. 달러를 기준으로 각 국의 화폐 교환 비율까지 정해졌습니다. 2019년 6월에 1달러는 한국이 1,180원이고 중국은 7위안, 일본은 110엔, 유럽은 0.9유로입니다. 미국이 양적완화 정책으로 자국의 환율을 조종하면서도 상대국을 환율조작국이라고 비난할 수 있는 배경에는 바로 기축통화인 달러가 있습니다. 전 세계의 환율을 들었다 났다 하는 달러는 어떻게 기축통화가 되었을까요?

영국의 파운드화

1880년대에서 1914년까지 기축통화였던 영국의 파운드화는 힘을 잃어 갔습니다. 19세기 말에 영국의 중앙은행은 화폐 한 단위와 일정량의 금을 일치시키는 금본위제도를 도입했습니다. 4파운드를 은행에 가져가면 금 1온스(1온스는 약 30그램)가량을 내주었어요. 사람들은 파운드화를 금과 똑같이 여겼습니다. 영국 정부가 이를 보장해 주었기 때문입니다. 영국은 파운드화를 앞세워 해상무역을 주도하며 세계 최고 강대국이 되었죠.

1914년에 일어난 제1차 세계대전으로 영국은 국력이 약해졌습니다. 독일과 전쟁을 치를 때 군비로 쓰느라 나라에 쌓아 둔 금을 다 소비했거든요. 그즈음 미국의 달러가 무역시장에 등장하면서 파운드화와 달러의 힘겨루기가 시작되었습니다.

1931년 영국은 금본위제를 폐지할 수밖에 없었어요. 힘의 균형은 미국으로 급격하게 기울어졌습니다. 가난해진 영국은 미국의 도움이 필요했습니다.

엎친 데 덮친 격으로 제2차 세계대전까지 겪게 되자 영국은 더는 버티기가 어려워졌습니다. 반면 미국은 자국 본토에서 전쟁이 벌어지지 않아 피해가 적었습니다. 영국은 전쟁 피해를 복구할 금도 없었습니다.

브레튼우즈 체제

브레튼우즈 체제로 기축통화가 파운드에서 달러로 바뀌었습니다. 제2차 세계대전으로 영국을 비롯해 프랑스와 독일 등 유럽 곳곳이 전쟁 후유증을 앓고 있었습니다. 제2차 대전 동안 유럽 각국이 미국의 물자를 금으로 구입하고 패전국들이 전쟁 배상금을 금으로 지불했지요. 종전 당시 미국은 전 세계 금의 무려 70%를 보유하게 되었습니다. 당시 유럽은 전쟁 피해 복구를 위해 재원 마련이 절실했습니다. 미국은 바로 이때가 세계 경제의 판을 새로 짤 적기라고 판단했지요. 전쟁이 막바지로 치닫던 1944년 7월, 미국은 44개국의 경제 대표들을 미국의 한적한 시골 마을인 뉴햄프셔주의 브레튼우즈로 불렀습니다.

당시에도 그랬지만 금은 곧 돈이자 국력이었습니다. 금 없이 발행한 지폐는 종이 쪼가리일 뿐이었죠. 화폐는 정부가 보장을 해 주어야 그 값어치를 하지요. 미국은 금 1온스당 35달러를 발행하겠으니 달러를 국제적인 화폐로 사용하자고 제안했습니다. 예전과 달리 각국의 중앙은행이 금 **태환**을 개별적으로 행하지 말고 미국만이 단독으로 금 태환을 실시하고 나머지 타국 통화는 모두 미국 달러와의 환전을 통해 간접적으로 금과 연결하자는 제안이었습니다. 대신 미국이 국제부흥개발은행(IBRD)과 국제통화기금(IMF)을 세워 여러 나라에 달러를 공급해 주겠다고 덧붙였지요.

▌ 브레튼우즈 체제에서 금 1온스당 35달러라는 금본위제가 시작되었다.

　하루하루 살아가기 힘들었던 유럽의 여러 나라들은 미국의 제안을 덥석 받아들였습니다. 자존심이 상해서 잠깐 반대했던 영국도 결국 미국의 뜻을 따랐죠. 세계 경제의 중심이 파운드화에서 달러화로 옮겨 가는 순간이었습니다.

　각 나라의 화폐 가치는 달러를 기준으로 정해졌습니다. 1945년에 영국의 환율은 1달러당 0.2파운드였고 프랑스의 환율은 1달러당 1.1프랑이었습니다. 고정환율제인 셈이지요. 미국이 금을 기준으로 달러를 발행한 반면, 그밖의 나라들은 달러를 기준으로 화폐를 발행했습니다.

　사람들은 달러가 금이나 마찬가지이므로 안전하다고 여겼습니다. 그럴 수밖에요. 35달러를 주면 금 1온스를 주니 말입니다. 세계 무역시장의 거래는 달러로 이뤄졌습니다. 달러는 기축통화가 되어 전 세계로 뻗어 나갔지요.

트리핀의 딜레마(Triffin's dilemma)

미국 예일대학교 교수인 로버트 트리핀(Robert Triffin)은 "미국이 기축통화로 인해서 딜레마에 빠질 것"이라고 내다봤습니다. 미국은 자국에 필요하지 않은 달러까지 찍어내야만 합니다. 기축통화라서 전 세계의 교역에 필요한 달러를 공급해야 하기 때문이지요. 그래서 달러로 외국의 물건을 계속 수입해야 합니다.

미국 입장에서는 무역적자가 날 수밖에 없는 구조입니다. 미국이 달러를 줄이면 해결될까요? 전 세계에 달러가 줄어들 테니 기축통화로서의 지위가 위태로워집니다. 또한 무역시장에서 달러가 부족해지면 세계 경제가 침체되겠지요. 트리핀 교수의 예언대로 미국은 적자가 났습니다. 미국은 달러를 계속 발행해 기축통화국의 위치를 굳힐지, 아니면 달러를 줄여 적자를 벗어날지 진퇴양난에 처했습니다.

수상쩍은 달러

세계 곳곳에 수상쩍은 달러가 넘쳐났습니다. 미국은 도대체 금이 얼마나 많길래 달러를 끊임없이 발행해도 될까요? 달러에 대해 이런 의문을 품지 않을 수가 없겠죠. '분명 35달러를 금 1온스와 바꿔 주겠다고 장담했는데 저렇게 많이 찍어 내도 될까?' 의심이 든 국가들은 금 확보에 열을 올려 금값은 오르고 달러의 가치는 떨어지는 일이 심심찮게 일어났습니다.

더욱이 1960년대에 미국은 베트남전에 끼어들었습니다. 군사비가 천문학적으로 들었으므로 달러가 아주 많이 필요했지요. 미국은 금 1온스당 35달러를 발행하겠다던 약속을 경제가 어려워지니 헌신짝처럼 저버립니다. 유럽의 여러 나라들은 미국의 달러가 점점 더 의심스러워졌습니다.

달러 가치가 하락했음을 눈치 챈 프랑스의 드골 대통령은 1960년대 내내 수출로 보아 둔 35억 달러를 미국으로 가져가 금 1억 온스로 바꿨습니다. 그리고 국제시장에서 금 1억 온스를 다시 달러로 바꾸었죠. 미국에 가져간 달

사례탐구 골드풀

1961년에 유럽의 7개국과 미국은 2억 7천만 달러 상당의 금을 마련했습니다. 금값 안정을 위한 골드풀(Gold Pool) 제도였지요. 시중의 금값이 1온스당 35.2달러로 오르면 골드풀의 금을 팔아서 금값을 내리기로 했습니다. 달러의 가치를 지키기 위한 수단이었어요. 처음 몇 년은 금값이 성공적으로 안정되었습니다. 그러나 베트남 전쟁 때 미국은 금 보유량보다 훨씬 많은 달러를 발행했습니다. 달러의 가치가 떨어지면서 금 1온스는 35달러 이상으로 치솟았죠.

1968년 미국은 영국과 손잡고 금값 폭락 작전에 돌입했습니다. 두 나라는 동시에 엄청난 양의 금을 무역시장에 내놓기로 했습니다. 금이 갑자기 시장으로 쏟아지면 어떻게 될까요? 금값이 떨어지니까 투기 세력도 서둘러 금을 내놓겠지요. 미국과 영국은 금값이 폭락하면 그때 되사기로 계획을 짰습니다. 그러나 금 무역시장은 두 나라의 뜻대로 움직여 주지 않았어요. 금을 내놓기가 무섭게 계속 팔려 나갔거든요.

당시 미국은 무려 9천3백만 톤의 금을 내놓았습니다. 그러나 금을 다 팔고 난 뒤 금값이 치솟는 바람에 손해가 이만저만이 아니었어요. 국제시장은 금값 안정을 위해 2주 동안 문을 닫아야 했습니다. 미국으로서는 금값을 잡을 만한 대안이 더는 남아 있지 않았습니다. 금값은 날개를 달고 날아올랐죠.

러보다 훨씬 많은 액수의 달러가 생겼습니다. 무슨 일일까요? 달러의 가치는 떨어지고 금의 가치는 올라갔기 때문입니다. 당시 국제시장에서 금 시세는 1온스당 60달러까지 치솟았습니다.

프랑스는 미국에서 받은 금 1억 온스를 국제시장에 팔아서 60억 달러를 손에 쥐었습니다. 35억 달러가 순식간에 60억 달러로 불어난 것이죠. 1971년에는 영국 정부가 미국에 30억 달러의 금 태환을 요청했습니다. 그러자 너도나도 달러를 금으로 바꿔 달라고 미국에 요구했습니다. 미국은 그동안 달러를 지나치게 많이 찍어 냈다는 사실이 밝혀질까 봐 전전긍긍했습니다. 수상쩍은 달러의 실체가 들통 나는 것은 시간문제였던 것이죠.

닉슨쇼크

1971년 8월 15일 일요일 저녁, 미국 사람들은 여유롭게 주말을 즐기고 있었죠. 텔레비전에서는 당시 인기 만점의 카우보이 드라마인 〈보난자〉가 방영 중이었습니다. 갑자기 드라마가 중단되더니 닉슨 대통령이 침울한 표정으로 등장해 긴급성명을 발표했습니다. 닉슨 대통령이 달러의 금 태환을 정지한다는 긴급성명을 발표하자 세계 경제는 충격에 빠졌습니다. 이를 '닉슨쇼크'라고 부릅니다. 당분간 35달러를 금 1온스로 바꿔 주는 정책을 정지하겠다는 내용이었죠. 닉슨 대통령은 달러를 지키기 위한 조치라고 덧붙였습니다. 미국의 잘못을 다른 곳으로 떠넘기는 일이었죠.

닉슨의 발표 내용은 미국 단독으로 결정한 사항이었습니다. 다른 나라와 협의나 협상을 거치지 않았으니 미국의 일방적인 약속 파기였던 것이죠. 달러를 보유하고 있던 쪽에서는 그야말로 마른하늘에 날벼락 같은 소리였습니다. 1944년부터 세계 경제의 흐름을 주도했던 브레튼우즈 체제는 마침내 끝장이 났습니다. 미국의 무책임한 행동으로 금값은 치솟고 달러의 가치는 떨어졌습니다. 전 세계는 물가가 올라 소득이 줄고 소비가 사라졌습니다.

스미스소니언 협정

닉슨의 충격적인 발표가 있은 지 4개월 뒤인 1971년 12월, 워싱턴에 있는 스미스소니언 박물관에서 10개국의 재무장관회의가 열렸습니다. 달러와 금을 교환하는 것이 불가능해졌으니 대책을 마련해야 했거든요. 우선 달러의 가치를 1온스당 35달러에서 38달러로 낮췄습니다. 아울러 달러와 다른 화폐의 교환 비율도 조정했습니다. 일본의 경우 그동안 1달러당 360엔이었습니다. 스미스소니언 협정으로 달러의 가치가 낮아지자 엔화는 1달러당 308엔이 되었습니다. 엔화 가치가 16.9퍼센트 상승한 셈입니다. 독일 마르크화의 가치도 13.6퍼센트 올랐습니다.

1973년에 미국은 또다시 달러의 가치를 낮췄습니다. 미국으로서는 달러의 가치가 떨어지자 좋은 점이 한두 가지가 아니었습니다. 달러 값이 저렴해지면서 미국 제품도 값이 떨어졌거든요. 무역 시장에서 가격 경쟁력이 생긴 것입니다. 미국은 100달러에 팔던 수출품을 90달러로 내렸습니다. 반대로 독일은 100마르크에 팔던 수출품을 110마르크로 올려야 했죠. 소비자들은 미국 제품을 구매했습니다. 미국의 제조업은 눈부신 성장을 이루었지요.

달러의 약세

미국의 달러는 약세를 이어 갔습니다. 금 태환을 정지한 이후로 달러를 마음대로 찍어 냈기 때문이죠. 통화량은 해마다 10퍼센트씩 늘어났습니다. 1973년에는 미국에서 자본이 빠져나가기 시작했습니다. 투자자들이 서독처럼 화폐 가치가 높은 나라로 이동했거든요. 세계 곳곳에서 달러에 대한 신뢰가 무너지고 있었습니다. 달러를 좋아하던 사람들의 마음은 서서히 식어 갔습니다.

달러 약세 때문에 석유 값도 치솟았습니다. 산유국 입장에서는 달러의 가치가 떨어졌으니 석유 값을 올려 받을 수밖에 없었죠. 금 태환을 정지하여 달러가 흔해진 순간, 이것은 금값이 오른 것과 마찬가지 상황이었습니다. 20여 년 동안 1배럴당 1달러에 머물던 석유 값이 3달러로 치솟았습니다. 1973년에는 1배럴당 5달러로 오르더니 급기야 이듬해에는 11.65달러까지 폭등했습니다. 달러의 위치는 불안해졌습니다. 기축통화의 자리가 흔들리고 있었죠. 닉슨쇼크는 오일쇼크로 이어졌습니다.

페트로달러

미국은 위기를 기회로 삼았습니다. 오일쇼크가 발생하자 '오일머니'를 만들어 냈습니다. 국제유가가 급등할 때 미국의 키신저 국무장관은 세계 최대 산유국인 사우디아라비아 국왕을 찾아갔습니다. 그리고 사우디아라비아를 소련이나 이란, 이라크 같은 적으로부터 지켜 주겠다고 장담했습니다. 아울러 왕실을 내부의 적으로부터 보호해 주겠노라는 약속도 덧붙였습니다. 그 대신 원유를 거래할 때 달러만 받아 달라고 요청했습니다.

미국과 사우디아라비아 사이에 합의가 이루어지면서 달러는 새로운 지위를 갖게 되었습니다. 바로 '페트로달러(Petrodollar)'였습니다. 석탄 대신 세계의 대표적 에너지원으로 자리 잡은 석유의 사용량이 늘어나고, 석유 값이 오를수록 달러를 필요로 하는 곳이 많아졌습니다. 달러는 다시 인기를 끌기 시작했습니다. 달러의 수요가 높아졌다는 소리입니다. 수요·공급의 법칙에 따라 달러의 가치가 높아진 것입니다. 수요가 공급보다 많아지면 수요자들 사

사례탐구 미국의 이라크 침공

2003년 5월, 우리나라 국군부대가 이라크에 파병되었습니다. 미국이 이라크와 전쟁을 치르면서 우리나라에 전투병 파병을 요청했거든요. 2003년 3월, 미국은 이라크가 대량살상무기를 갖고 있다며 기습적으로 침공했습니다. 전쟁이 끝난 뒤 미국 조사단은 대량살상무기를 찾으러 다녔지만 발견하지 못했죠. 결국 조사단은 미국 정부에 '이라크에 대량살상무기는 존재하지 않는다.'라는 보고를 올렸습니다.

그렇다면 미국이 이라크를 침공한 진짜 이유는 무엇일까요? 이라크는 중동에서 사우디아라비아 다음으로 석유 매장량이 많은 나라입니다. 이라크의 지도자인 후세인은 미국과 관계가 틀어지면서 원유 거래 화폐를 달러에서 유로화로 바꿨습니다. 미국은 속이 탔죠. 이라크처럼 달러 대신 유로화로 원유를 결제하는 나라가 늘어난다면 페트로달러가 아니라 페트로유로로 바뀔 수 있으니까요. 미국은 기축통화가 바뀔까 봐 걱정했어요.

그 와중에 이라크와 중국이 중요한 협정을 맺었습니다. 이라크 남부의 유전개발권을 중국에게 넘기겠다는 협정이었습니다. 미국으로서는 석유 저장고인 이라크가 중국과 손잡는 것을 두고 볼 수 없었지요. 중동의 석유를 뺏기고 싶지 않았거든요. 미국은 전격적으로 이라크를 침공했고 후세인은 3년 뒤 형장의 이슬로 사라졌습니다.

이에 경쟁이 일어나 가격이 상승하죠. 예전에 중국에서는 달러를 '미금'이라고 불렀습니다. 미국의 금이라는 뜻이지요. 이제는 달러 뒤에 석유가 버티고 있어서 페트로달러라는 이름이 추가되었습니다.

기축통화의 특징

기축통화의 가장 큰 이점은 시뇨리지 효과(Seigniorage effect)입니다. 시뇨리지 효과란 한마디로 화폐 주조 이익입니다. 우리나라의 외환위기를 떠올리면 쉽게 이해할 수 있습니다. 우리나라는 외환위기 당시 외채를 갚을 달러가 부족했기 때문에 IMF의 구제금융을 받아야 했습니다. 구제금융을 받는 조건으로 수많은 기업이 문을 닫았으며 수백만 명이 해고당했습니다. 그러나 기축통화국인 미국은 외채가 아무리 많아도 걱정이 없습니다. 제조원가가 50센트에 불과한 100달러짜리 지폐를 계속 찍어 내서 빚을 갚으면 되거든요. 이처럼 화폐를 마음대로 찍어 냄으로써 얻는 이득을 시뇨리지 효과라고 부릅니다.

그뿐만이 아닙니다. 기축통화국은 자국 화폐로 무역시장과 외환시장을 이용할 수 있습니다. 나라 곳간에 외환을 잔뜩 쌓아 두지 않아도 되지요. 그렇다 보니 위안화나 유로화가 기축통화 자리를 호시탐탐 노리고 있답니다.

그러나 아직까지 기축통화는 미국의 달러입니다. 미국은 기축통화로 강대국의 지위를 확고히 했으며 계속해서 기축통화의 지위를 굳건히 다졌습니다. 달러는 세계 경제의 중심인 동시에 환율의 기준이 되었습니다. 달러 가치의 등락에 따라 각국 화폐의 가치도 오르고 내리지요.

암호화폐는 지폐나 동전 등 실물 없이 온라인으로 거래되는 화폐입니다. 2008년 미국이 달러를 마구 찍어 내서 달러 가치가 떨어지자 비트코인 같은 암호화폐가 주목받기 시작했습니다. 비트코인은 거래가 이뤄질 때마다 공개된 장부에 새로운 기록이 추가됩니다. 거래 내역이 투명하게 기록되므로 화폐의 위조나 변조가 불가능하지요. 이제껏 기존의 화폐는 국가에 의해 통제되었습니다. 특히 미국이나 일본 등 국제통화를 가진 나라들은 양적완화정책 등을 통해 달러나 엔화의 환율을 조정했지요.

하지만 국가의 이해관계와 상관없는 비트코인이 앞으로 널리 사용된다면 어떤 변화가 생길까요? 더 나아가 비트코인이 기축통화가 된다면 세계 경제는 어떻게 바뀔까요? 미국은 지금처럼 달러나 환율을 무기처럼 사용하지 못하겠죠. 그래서였을까요? 2019년 7월에 미국의 트럼프 대통령은 암호화폐를 비난했습니다. "세계에서 가장 강력한 통화는 미국 달러다. 비트코인 등 암호화폐는 화폐가 아니다." 그러나 트럼프의 주장을 비웃기라도 하듯 이튿날 비트코인의 가격은 더욱 올랐습니다.

▌ 미국 로스앤젤레스에 있는 비트코인 ATM(자동금융거래단말기).

- 제2차 세계대전이 끝날 무렵 브레튼우즈 체제가 시작되었다. 미국은 금본위제를 바탕으로 금 1온스당 35달러를 기준으로 화폐를 발행했다.
- 1971년 닉슨 대통령은 달러를 금으로 바꿔 주지 않겠다고 선언했다. 이른바 '닉슨쇼크'였다. 금본위제를 벗어난 달러는 가치가 계속 떨어졌다.
- 오일쇼크 이후 미국은 사우디아라비아와 합의해 원유 값으로 달러만 받도록 했다. '페트로달러'의 탄생이었다. 그 뒤로 기축통화로서 달러의 지위는 확고해졌다.
- 기축통화인 달러는 시뇨리지 효과를 누리면서 무역시장과 외환시장을 자유롭게 드나든다.

6장 환율, 나라의 흥망을 좌우하다

몇백 년

전에는 전쟁과 질병이 국가를 위기로 몰아넣었습니다. 유럽에서는 아일랜드가 전쟁에 패배한 뒤 약 400년 동안 영국의 식민지로 지냈습니다. 라틴아메리카의 아스테카 제국은 천연두 때문에 인구의 절반을 잃었습니다.

21세기에 들어서자 환율이 국가의 운명을 결정하게 되었습니다. 미국은 세계 경제의 패권을 거머쥐었기 때문에 기축통화국 위치를 차지할 수 있었고, 일본은 환율 탓에 경제가 후퇴했습니다. 아르헨티나와 태국은 환율 때문에 나라가 위기에 빠졌습니다. 환율은 어떻게 나라의 흥망성쇠를 좌우했을까요?

미국의 쌍둥이 적자

미국은 1980년대에 **재정수지**와 경상수지가 모두 적자였습니다. 이를 쌍둥이 적자(Twin Deficits)라고 부릅니다. 나라가 안팎으로 적자에 시달렸다는 뜻입니다. 제2차 세계대전 당시 2천6백억 달러였던 미국 정부의 빚은 1980년대에 9천3백억 달러로 늘어났습니다. 게다가 금본위제 폐지 이후 화폐를 지나치게 많이 발행하다 보니 달러의 가치는 떨어지고 물가는 치솟았습니다.

미국 정부는 물가 인상을 막기 위해 금리를 20퍼센트 수준까지 올렸습니다. 시중의 돈이 은행으로 쏠리면서 물가는 안정되었죠. 그러자 달러가 부족해져서 달러 가치가 올라갔습니다. 달러 가치의 상승은 수출품 가격의 상승으로 이어지죠. 미국의 수출품은 해외 시장에서 가격 경쟁력을 잃었습니다. 더구나 미국의 소비자들까지 저렴해진 수입품을 선택하자 나라의 수출은 줄어들고 수입은 늘어났습니다.

1984년 경상수지 적자는 역대 최대치인 1,000억 달러를 기록했습니다. 기업은 벌어들이는 돈이 줄어들었으므로 직원을 해고했습니다. 정부는 이러지도 저러지도 못하는 상황이었습니다. 수출을 늘리려면 달러의 가치를 낮춰야 했습니다. 그런데 금리를 인하하여 달러의 가치를 낮추자니 물가 인상이

집중탐구 일본의 눈부신 경제 성장

일본은 1950년에 발발한 한국전쟁을 경제 성장의 발판으로 삼았습니다. 한국에 주둔한 미군은 보급품과 화물차 등을 일본에서 구입했습니다. 일본은 1970년대까지 해마다 10퍼센트 이상 경제 성장을 이루었어요. 1970년대 오일쇼크는 일본에 찾아온 또 한 번의 기회였습니다. 기름 값이 치솟자 미국의 소비자들이 가격이 싸고 기름이 적게 드는 일본 자동차를 구입했어요.

1980년대에 미국은 일본과의 무역에서 큰 적자를 기록했습니다. 일본은 소니와 파나소닉, 캐논 등의 전자제품으로 미국을 공략했습니다. 1981년에 일본의 대미무역은 48억 달러의 흑자를 기록하더니 1984년에는 350억 달러로 흑자 폭이 커졌습니다.

걱정이었습니다.

고민을 거듭하던 미국은 마침내 기막힌 해법을 찾아냈습니다. 달러의 가치를 낮추는 대신 다른 나라 화폐의 가치를 올리는 것이었습니다. 특히 미국에 무역적자를 많이 안겨 준 나라를 대상으로 삼았습니다. 바로 독일과 일본이었죠.

플라자 합의

미국은 플라자 합의를 통해 환율을 조정했습니다. 1985년 9월, 미국의 재무장관은 각국의 재무장관을 뉴욕에 있는 플라자호텔로 불러들였습니다. 그리고 달러의 약세를 위해 각국의 협조를 부탁했습니다. 정확히 말하자면 부탁이 아니라 강요였죠. 미국이 특히 압박을 가한 상대는 독일과 일본이었습니다. 독일과 일본은 미국이 가장 크게 무역적자를 낸 나라였거든요. 미국의 무역적자 가운데 두 나라가 차지하는 비중은 독일이 9퍼센트, 일본이 37퍼센트였습니다.

플라자 합의 후 1주일 만에 달러 대비 독일의 마르크화의 가치는 7퍼센트 올랐으며, 일본 엔화의 가치는 8.3퍼센트 올랐습니다. 두 나라의 환율 변동 폭은 비슷했지만 일본은 독일보다 타격이 컸답니다. 일본의 최대 수출국이 미국이었으니까요.

일본은 플라자 합의대로 달러를 시중에 팔고 엔화를 거두어들였습니다. 달러가 넘치자 달러의 가치는 떨어지고 엔화의 가치는 올랐습니다. 미국 입장에서는 손도 대지 않고 코를 푼 격이었죠. 환율 문제를 일본이 알아서 처리해 주었으니까요.

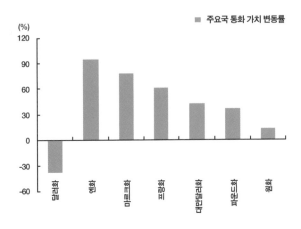

플라자 합의 이후 주요 통화 변동률

(%)
120

90

60

30

0

-30

-60

■ 주요국 통화 가치 변동률

달러화 / 엔화 / 마르크화 / 프랑화 / 네덜란드길더화 / 파운드화 / 원화

ᅵ 플라자 합의 이후 달러의 가치는 30퍼센트 하락했고 엔화의 가치는 두 배 가까이 치솟았다.

알아 두기

루브르 합의

달러의 가치가 폭락하자 미국의 물가가 치솟았습니다. 그리고 기축통화로서 달러의 지위도 불안해졌죠. 미국은 이런 문제를 해결하기 위해 프랑스의 루브르에서 회담할 것을 제안했습니다. 1987년에 7개국의 재무장관은 루브르 합의에 도달했어요. 미국은 달러의 안정화를 위해 각국에 적극 협조할 것을 요구했습니다. 또한 독일과 일본에는 수출을 줄이라고 압박을 가했어요. 이처럼 루브르 합의는 플라자 합의와 반대의 성격을 띠므로 역플라자 합의로도 불립니다.

플라자 합의를 하기 전에 1달러에 259엔이던 환율은 2년 뒤 127엔으로 떨어졌습니다. 엔화 가치가 두 배로 치솟자 일본 수출품의 가격도 그만큼 올랐죠. 일본 제품은 미국에서 가격 경쟁력을 잃었습니다. 1달러에 살 수 있었던 250엔짜리 일본 과자가 2년 만에 거의 2달러로 올랐거든요. 1달러로는 고작 127엔짜리 일본 과자를 살 수밖에 없었어요. 자동차와 가전제품도 미국에서 두 배로 올랐습니다. 미국 시장에서 일본 제품의 판매량은 차츰 줄어들었습니다.

일본 엔화의 가치 폭등

플라자 합의 이후 엔화의 가치가 갑자기 큰 폭으로 오르면서 일본은 수출에 고전을 면치 못했습니다. 1986년 6퍼센트였던 GDP 성장률은 1년 뒤

▌ 플라자 합의 이후 일본의 세계시장 점유율은 급감했다. 자료: UN 출처: LG경제연구원

2.8퍼센트로 줄었어요. 일본 정부는 기업이 활기를 되찾도록 금리를 5퍼센트에서 2.5퍼센트로 낮췄습니다. 그러나 생산에 투자하는 기업은 거의 없었습니다. 어차피 물건을 만들어 봤자 해외에서 팔리지 않았으니까요.

낮은 이자의 대출금은 부동산과 주식 시장으로 흘러들어갔답니다. 부동산을 구입하는 사람이 늘어나자 부동산 가격이 상승했지요. 사람들은 부동산을 담보로 대출을 받아서 다른 부동산을 계속 구입했어요. 전국적으로 부동산 가격이 40퍼센트 이상 상승했으며 도쿄의 부동산은 두 배로 올랐습니다.

일본인의 부동산 투자는 국내를 넘어 해외로 뻗어 나갔습니다. 1985년에 미국의 1,000만 달러짜리 빌딩을 구입하려면 260억 엔이 필요했습니다. 그런데 1988년에는 130억 엔만 있어도 구매할 수 있었습니다. 엔화가 강세였으니까요. 로스앤젤레스의 역사적 건물인 빌트모어 호텔과 뉴욕의 상징인 록펠러 센터가 일본인 소유가 되었습니다. 플라자 합의 이후 일본의 수출은 부진한데도 일본 사람들의 자산은 자꾸 불어났습니다.

일본의 잃어버린 20년

일본의 잃어버린 20년은 일본에서 20년 동안 이어진 경기 침체를 가리킵니다. 1990년, 부동산과 주식의 가격이 천정부지로 솟아올랐을 때 높아진 인플레이션을 잡기 위해 일본 정부가 은행 금리를 올리며 대출을 억제했습니다. 2.5퍼센트의 금리가 6퍼센트로 오른 순간, 부동산과 주식에 투자한 일본인들은 충격을 받았습니다.

높은 금리를 감당하기 어려워지자 부동산과 주식을 파는 사람들이 늘어났습니다. 얼마 지나지 않아 부동산과 주식의 가격은 뚝뚝 떨어졌습니다. 1억 엔을 주고 산 부동산은 3천만 엔으로 떨어졌으며 3만 8천대였던 주가지수는 6천대로 추락했어요. 빚을 내서 부동산과 주식을 산 사람들은 은행에 진 빚을 갚을 수가 없었지요.

결국 은행 빚의 70퍼센트를 회수하기 어렵다는 진단이 나왔습니다. 그 결과 부실은행이 끝도 없이 생겨났습니다. 1992년에 1퍼센트였던 성장률은 1993년에 0.2퍼센트로 떨어졌으며 1998년부터 마이너스 성장을 기록했습니다. 기업은 투자를 멈췄고 국민은 소비를 줄였습니다. 1990년부터 시작된 불

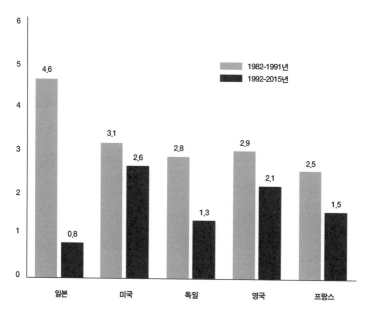

주요국 경제성장률(%)[1)]

1991년 이후로 일본의 경제성장률은 1퍼센트도 채 되지 못했다. 주: 1) 기간 중 연평균
자료: IMF 출처: 연합뉴스

황은 20년 동안 이어졌습니다. 플라자 합의에서 결정한 환율이 일본의 발목을 20년 동안이나 붙잡은 셈입니다.

영국의 환율정책

영국은 유럽통화제도의 환율을 고집하다가 경제 위기를 겪었습니다. 1980년대에는 유럽의 여러 나라가 변동환율제도를 채택했습니다. 변동환율제도 아래서는 환율이 자꾸 바뀌니까 귀찮은 일이 많았어요. 유럽의 여러 나라는 환율을 고정하기로 합의했습니다. 유럽통화제도를 탄생시킨 것이죠. 예를 들어 영국의 1파운드는 독일의 3마르크로 고정되었습니다. 유럽 각국의 환율이 고정되자 유럽 국가들 사이의 무역이 활발해졌습니다.

1990년, 독일이 통일을 이루었습니다. 독일은 통일 비용을 마련하기 위해 마르크화를 엄청나게 찍어 냈습니다. 시중에 마르크화가 넘쳐나면서 물가가 치솟았어요. 독일 정부는 물가 안정을 위해 시중의 마르크화를 거둬들여야 했습니다. 독일은 2년 동안 금리를 열 번이나 올렸습니다. 독일이 초고금리 정책을 펴자 투자자들이 돈을 들고 독일로 몰려들었습니다. 투자자들은 자신이 보유하고 있는 달러나 엔화를 마르크화로 바꾸려고 했죠. 그러자 부족해진 마르크화는 가치가 폭등했어요.

반면에 유럽의 여러 나라는 독일에 비해 화폐 가치가 떨어졌습니다. 영국의 경우 1파운드를 3마르크에 고정시키기가 어려웠습니다. 그래서 금리를 낮추라고 독일에 요구했어요. 하지만 독일은 콧방귀도 뀌지 않았죠. 핀란드 등 몇몇 나라는 고정환율제도를 포기하고 유럽통화제도를 탈퇴했습니다.

유럽 내 주도권을 두고 독일과 경쟁하던 영국은 유럽통화제도에 끝까지 남겠다고 큰소리쳤습니다. 그러고는 금리를 올렸습니다. 불황에 허덕이던 영국의 기업들은 이자 부담이 늘어나자 비명을 질렀습니다. 그뿐만이 아니었습니다. 영국은 파운드화의 가치를 올리기 위해 마르크화를 풀고 파운드화를 사들였습니다. 영국의 외환 보유고는 점점 줄어들었죠. 그런데도 당시 존 메이저 영국 총리는 영국 은행의 외환 보유고는 넉넉해서 환율 방어에 문제가 없다고 주장했습니다.

검은 수요일

영국이 유럽통화제도를 탈퇴한 수요일을 가리켜 '검은 수요일'이라고 부릅니다. 영국은 검은 수요일에 천문학적인 손해를 보았습니다. 미국의 금융인이자 투자자인 조지 소로스 때문이었습니다. 조지 소로스는 영국이 파운드화의 가치를 지키지 못할 것이라고 확신했습니다. 그래서 수중에 있는 100

▌ 조지 소로스가 파운드화를 대규모 공매도한 바람에 파운드화의 가치가 폭락했다.

공매도(空賣渡)

말 그대로 '없는 것을 판다'는 뜻으로 주식이나 외환을 갖고 있지 않지만 곧 떨어질 것으로 예상할 때 사용하는 전략입니다. 쉽게 말하자면 가격 하락에 돈을 거는 것이죠. 삼성전자 주식을 예로 들어 보겠습니다. 삼성전자 주식의 하락이 예상되면 빨리 팔아야 합니다. 그런데 삼성전자 주식을 갖고 있지 않다고요? 그러면 빌려서 파는 겁니다. 삼성전자 주식을 주당 가격이 4만 원일 때 1,000주 빌려 주당 3만 5천 원에 팔았다고 가정해 봅시다. 그럼 현금 3,500만 원을 손에 쥐게 됩니다. 며칠 뒤 삼성전자가 2만 원으로 떨어졌습니다. 그러면 그때 삼성전자 주식 1,000주를 2,000만 원에 사서 결제 날에 1,000주를 갚으면 됩니다. 그럼 1,500만 원이 남겠지요. 조지 소로스도 이런 방식으로 파운드화를 공매도 해 돈을 벌었습니다. 만약 3만 5천 원에 팔았는데 6만 원으로 오르면 어떻게 하냐고요? 주당 6만 원에 삼성전자 주식을 1,000주 사서 정해진 날짜까지 갚아야 합니다. 2,500만 원을 손해 보는 것이죠.

억 달러를 투자하기로 결정했습니다. 말하자면 파운드화의 가치 하락에 내기를 걸었던 것이죠. 아울러 다른 투자자들의 돈 1,000억 달러도 동원했습니다. 그리고 공매도 방식으로 파운드화를 공격했습니다. 즉 파운드화를 비싸게 빌린 뒤 시중에 마구 풀었답니다. 그러자 파운드화가 넘쳐나며 파운드의 가치가 뚝뚝 떨어졌습니다. 영국 정부는 마르크화를 풀어서 파운드화를 사들이며 환율을 방어했습니다. 그러나 조지 소로스와 투자자들이 파운드화를 계속 팔아대자 영국 정부는 결국 무릎을 꿇었습니다. 영국은 유럽통화제도를 탈퇴하고 변동환율제도로 돌아갔어요.

검은 수요일에 영국의 파운드화는 독일 마르크화에 비해 15퍼센트 가치가 떨어졌습니다. 그리고 조지 소로스는 10억 달러의 순이익을 챙겼습니다. 반면에 영국은 33억 파운드의 손실을 입어야 했습니다. 영국의 상황에 맞지 않는 환율 정책을 고집했기 때문입니다.

아르헨티나의 페소화
아르헨티나는 자국 화폐인 페소화를 미국의 달러에 고정시켰습니다. 그 바람에 아르헨티나의 경제는 끝도 없이 추락했어요. 아르헨티나가 페소화를 미국 달러에 고정시킨 것은 군사정권 때문이었습니다. 군사정권 당시 외채는 늘어났고 국민의 생활수준은 비참했습니다. 정부가 페소화를 남발하는 통에 물가가 치솟았어요. 1983년 군사정권이 물러난 뒤에도 경제는 회복되지 않았고 물가상승률은 5,000퍼센트에 달했죠.

1990년에 새로운 정부가 들어섰습니다. 경제부장관은 획기적인 환율 정책을 내놓았어요. 아르헨티나 화폐 1페소를 1달러에 고정한 겁니다. 누구라도 1페소를 은행에 가져가면 1달러로 바꿀 수 있게 한 것이죠. 중앙은행은 페소화 발행량과 달러 보유량을 맞춰야 했습니다. 페소화의 가치가 보장되자 물가가 안정되었어요.

얼마 뒤 전 세계적으로 달러의 가치가 오르기 시작했습니다. 달러와 연계된 페소화도 강세를 보였어요. 아르헨티나의 수출품은 가격 경쟁력을 잃었습니다. 예를 들면 예전에는 1,000원을 내면 1페소짜리 물건을 샀는데 어느 날 갑자기 페소화의 가치가 올라서 1,200원을 내야 1페소짜리 물건을 살 수 있게 된 거예요.

페소화의 가치가 상승하여 수출이 줄어들면서 그만큼 외국에서 달러를 가지고 오지 못하게 되고, 자국에 쌓아 둔 달러도 다 소비하게 되어 달러가 더욱더 부족해졌습니다. 설상가상으로 이웃 나라 브라질의 화폐 가치가 30퍼센트 폭락했어요. 무역시장에서 브라질과 경쟁 관계였던 아르헨티나 제품의 가격 경쟁력은 더욱 낮아졌고 수출에 큰 타격을 입었습니다.

개발도상국의 어려운 숙제

아르헨티나 같은 개발도상국에 환율은 풀기 어려운 숙제입니다. 2001년 아르헨티나 정부는 810억 달러에 이르는 외채를 못 갚겠다며 국가부도를 선언했어요. 그리고 이듬해가 되자 페소화와 달러의 교환을 폐지했습니다. 페소화의 가치는 순식간에 70퍼센트 이상 떨어졌습니다.

페소화의 가치 하락으로 아르헨티나 수출품은 가격 경쟁력이 생겼어요. 아울러 달러의 가치가 올라가서 해외 여행객들이 몰려들었습니다. 2004년에 아르헨티나를 찾은 관광객의 수는 2001년의 두 배였지요.

아르헨티나는 환율에 대한 걱정에서 벗어났을까요? 2018년, 아르헨티나는 외환이 부족해져서 구제금융에 다시 손을 내밀었습니다. 1달러당 30페소였던 환율이 이틀 만에 42페소로 폭등했습니다. 2019년에는 46페소까지 치솟았지요. 당연히 물가도 50퍼센트 이상 올랐습니다.

아르헨티나만 이런 어려움에 처한 것이 아닙니다. 터키와 브라질, 그리스 등 대다수의 개발도상국 역시 환율 문제는 어렵기만 합니다. 환율이 오르면 수출이 늘어나지만 물가가 인상됩니다. 환율이 내려가면 물가는 안정되지만 수출이 부진하죠. 게다가 나라 경제를 해외 자본에 의존하다 보니 약간의 충격만으로도 외화가 빠져나가기 일쑤입니다. 개발도상국의 경우 환율 문제를 해결해야만 경제 안정을 이룰 수 있습니다. 물론 경제 규모를 키우는 것이 선결 과제겠지만요.

태국에서 시작된 외환위기

1997년 태국에서 시작된 외환위기는 동아시아를 거쳐 우리나라까지 강타했습니다. 1990년에 태국은 자본시장을 개방하고 해외에서 자금을 들여왔습니다. 공장에서 제품을 만들어 해외로 수출하기 위한 자금이었습니다. 태국 정부는 고정환율제도를 채택하여 6년 동안 1달러당 25바트를 유지했습니다.

외국인의 투자가 이어지고 수출이 늘어나면서 달러가 물밀듯이 들어왔습니다. 자연히 달러의 가치는 낮아지고 바트화의 가치는 올라갔습니다. 바트화의 가치 상승은 수출품의 가격 경쟁력을 떨어트릴 뿐만 아니라 수입품의 가격을 낮추는 효과까지 가져왔습니다. 수출은 줄어들고 수입은 늘어나면서 태국은 무역적자를 기록했습니다.

해외 투자자들은 태국에서 수익을 거두기 어렵다고 판단하여 투자 금액을 회수하기 시작했습니다. 해외 투자자들이 철수하자 달러의 가치가 치솟으며 환율이 급등했지요. 태국 정부는 환율을 안정시키기 위해 달러를 시중에 풀고 바트화를 거둬들였습니다. 태국 정부의 이런 노력에도 달러는 계속 빠져나갔습니다.

1997년 7월 2일, 환율 방어에 지친 태국 정부는 변동환율제를 선언했습니다. 그동안 억지로 가치를 올려 둔 바트화는 약세로 돌아섰습니다. 태국에 달러를 빌려준 외국 은행이나 투자회사들은 빚 독촉을 했습니다. 외국 은행

입장에서는 투자한 달러를 회수한 다음 다시 바트화를 구매하면 엄청난 이익을 남길 수 있기 때문입니다. 태국은 결국 IMF에 도움을 청해야 했습니다.

불안해진 해외 투자자들은 아시아의 다른 나라에 투자한 돈도 서둘러 회수했습니다. 필리핀과 인도네시아, 말레이시아 역시 달러의 가치가 치솟고 자국 화폐의 가치는 폭락했습니다. 그 나라들로도 태국의 외환위기가 밀려간 것이지요. 그렇게 외환위기는 홍콩을 거쳐 한국에도 이르렀습니다.

- 미국은 쌍둥이 적자에 시달리다 플라자 합의에서 환율을 조정했다. 일본과 독일 등 대미 수출로 흑자를 남긴 나라들은 자국 화폐의 가치를 올려야 했다.
- 플라자 합의의 주 대상이 된 일본은 엔화 가치가 2년 만에 두 배로 치솟았다. 수출 기업들은 수출 부진으로 적자에 시달렸다. 일본은 저금리 정책으로 기업을 돕고자 했으나 은행에서 돈을 빌린 일본 기업들의 대출금이 부동산과 주식으로 흘러들어가 거품을 만들어 냈다. 1990년의 금리 인상으로 부동산과 주식이 폭락하여 경기가 꽁꽁 얼어붙었다. 일본의 경기 침체는 20년 동안 이어졌다.
- 유럽 각국은 유럽통화제도를 통해 환율을 고정했다. 독일의 마르크화 가치가 폭등하자 영국은 환율 방어에 나섰다. 조지 소로스는 공매도 방식으로 파운드화를 공격해 파운드화의 가치 하락을 부추겼다. 영국은 유럽통화제도를 탈퇴했고 조지 소로스는 10억 달러를 벌어들였다.
- 아르헨티나는 물가가 치솟고 환율이 불안정해지자 페소화를 달러에 고정시켰다. 달러화의 가치가 오르자 페소화의 가치도 올라서 무역적자를 냈다. 얼마 뒤 아르헨티나가 변동환율제를 도입한 결과, 수출은 늘어났으나 물가가 인상되었다. 아르헨티나뿐만 아니라 터키와 브라질 등 개발도상국은 환율 문제를 해결해야만 한다.
- 태국은 해외 자본이 철수하자 외환위기가 닥쳤다. 태국에서 시작된 외환위기는 동남아시아를 휩쓸고 한국을 강타했다.

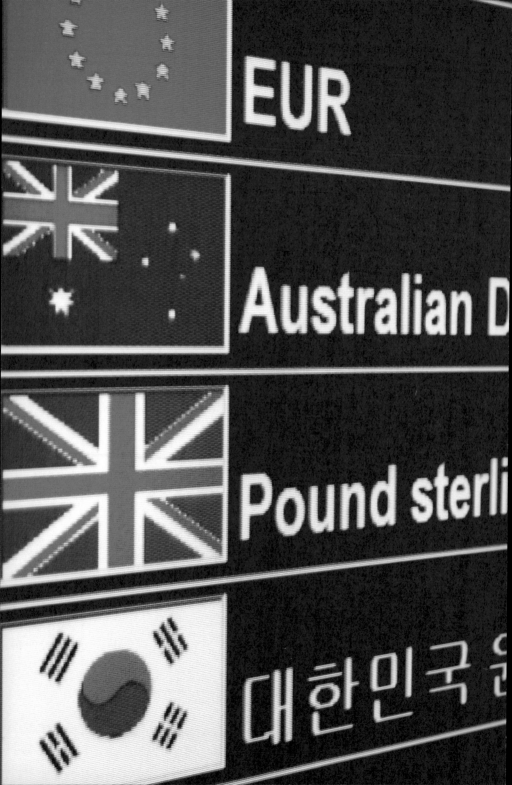

7장 환율은 경제의 중심이다

'경제는 환율이다'라는 말이 있을 정도로 환율과 경제는 톱니바퀴처럼 맞물려 돌아갑니다. 우선 환율이 변동하면 내 지갑의 무게도 바뀝니다. 10만 원을 내면 살 수 있었던 수입 운동화가 12만 원으로 오르기도 하고 8만 원으로 떨어지기도 하니까요. 또한 환율이 기업의 성패를 결정하기도 합니다. 항공업계의 경우 환율이 상승하면 기름 값이 오르고 해외 여행객도 줄어서 울상이 됩니다. 환율 변동은 국민소득에도 영향을 끼칩니다. 그렇다면 환율은 무엇 때문에 변하는 걸까요? 그리고 무엇을 바꿔 놓을까요?

경상수지가 환율을 변하게 한다

경상수지가 흑자면 시중에 달러가 흔해져서 환율이 떨어집니다. 경상수지가 적자일 때는 시중에 달러가 부족해지므로 환율은 오르고 원화의 값은 떨어집니다. 경상수지란 국가 간 무역 및 무역외 거래에 관한 수입과 지출을 말합니다. 쉽게 말해서 한 국가가 외국으로부터 외화를 얼마나 받고 외국에 외화를 얼마나 지급하는지를 나타내는 것이지요. 외국에서 들여온 외화가 외국으로 나가는 외화보다 많으면 경상수지는 흑자입니다. 해외로 빠져나가는 외화가 더 많다면 경상수지는 적자가 됩니다.

노무현 정부 당시 수출이 증가하여 2005년 경상수지는 165억 달러 흑자를 기록했습니다. 달러를 많이 벌어들이자 달러의 가치가 안정되어서 2016년 연평균 환율은 달러 대비 941원이었습니다. 2019년 5월에는 원달러 환율이 1,200원 가까이 치솟으며 2년 6개월 만에 최고치를 기록했습니다. 몇몇 금융기관에서는 경상수지 악화가 환율 상승을 부추겼다고 진단했습니다.

금리가 환율을 변하게 한다

금리가 오르면 환율이 하락하고, 금리가 내리면 환율이 상승합니다. 돈은 저금리에서 고금리로 이동하기 마련입니다. 돈이 이자가 낮은 곳에서 높은 곳으로 옮겨 가는 것이지요. 통계에 따르면 2016년의 세계 외환시장 규모는 5조 1천억 달러 즉 5천6백조 원에 이릅니다. 하루에 그만큼 거래된다는 뜻입니다. 우리나라 1년 무역 규모가 1조 달러에 이른다고 하니 세계 외환시장의 규모가 얼마나 큰지 짐작할 수 있겠지요.

외환시장의 자본은 수익이 높고 안전한 곳을 찾아다닙니다. 미국에서 금리를 높이면 전 세계에 떠도는 자본이 미국으로 쏠리게 되는 이유입니다. 우리나라가 금리를 높여도 외국인 투자자들이 달러를 들고 몰려옵니다. 금리가 높으니 우리나라에 돈을 빌려주려고 애를 씁니다. 따라서 금리가 오르면 달러의 공급이 늘어나 환율이 하락합니다. 반대로 금리를 내리면 어떻게 될까요? 해외 투자자들이 달러를 들고 수익이 높은 곳을 향해 빠져나가겠지요. 따라서 시중에 달러가 줄어들어 환율이 상승합니다.

미국의 금리 인상

2015년의 어느 날, '미국의 금리 인상이 임박했다는 소식에 환율이 54.4 원 급등했다'라는 보도가 신문에 실렸습니다. 미국의 금리 인상이 왜 우리나라 환율에 영향을 미칠까요? 외국인 투자자들이 우리나라 시장에 투자했던 원화를 달러로 바꾼 뒤 미국으로 가져가기 때문입니다. 미국에 투자하는 것이 훨씬 이윤이 좋고 안전하다고 판단하기 때문이지요. 그래서 달러가 국내 시장에서 빠져나가는 것을 막으려면 금리를 올려야 합니다. 그것도 미국보다 훨씬 높아야 합니다. 우리나라와 미국의 금리가 같다면 외국인 투자자들은 한국으로 돌아오지 않을 테니까요. 원화는 안전한 자산이 아니라고 생각하기 때문이죠.

실제로 원화가 안전한 자산이 아닌 것이 아니라, 아닌 것이라 '생각'하기 때문입니다. 그래서 경제는 심리고, 신뢰입니다. 결국 미국에서 금리를 인상하면 우리나라에서 달러가 빠져나가므로 환율이 인상됩니다. 미국의 금리 역시 우리나라 환율에 영향을 미친다는 뜻입니다.

통화량이 환율을 변하게 한다

통화량이 늘면 환율은 상승하고, 통화량이 줄면 환율은 하락합니다. 우리나라 정부가 시중에 풀린 원화를 거둬들이거나 은행의 대출을 중단하면 어떻게 될까요? 통화량(원화량)이 줄어드니 원화의 가치는 올라가고 환율은 하락합니다. 예를 들면 원 달러 환율이 1,000원에서 800원으로 된다는 말입니다.

반면에 정부가 돈을 찍어 내고 대출을 늘리면 통화량이 증가합니다. 시중에 돈이 흔해지니 화폐의 가치는 떨어지겠죠. 따라서 환율은 상승하게 됩니다. 이렇게 통화량을 늘리는 정책을 양적완화정책이라고 부릅니다. 일본 정부는 플라자 합의 이후 엔화 강세로 수출에 어려움을 겪었습니다. 2012년에 일본 총리로 당선된 아베는 노골적으로 양적완화를 내세웠습니다. 1달러가 77엔이었던 환율은 2015년에 125엔까지 올랐습니다. 양적완화정책으로 엔달러 환율이 상승한 것입니다.

환율은 물가를 변하게 한다

환율 상승으로 달러 값이 오르면 수입 물가가 오릅니다. 환율이 1,000원일 때 10,000원에 수입했던 물건을 환율이 1,200원으로 오르면 12,000원을 내야 하니까요. 수입물가 상승은 국내 물가를 밀어 올립니다. 특히 자원이 부족하여 거의 모든 것을 수입해야 하는 우리나라의 경우 환율 상승은 곧바로 물가 인상으로 이어집니다.

한국은행은 기름값 인상보다 환율 인상이 물가에 큰 영향을 끼친다고 분석했습니다. 국제유가가 10퍼센트 상승하면 소비자 물가는 0.2퍼센트 오르지만, 환율이 10퍼센트 상승할 경우 소비자 물가는 0.8퍼센트 치솟습니다. 이명박 정부가 수출을 늘리려고 고환율 정책을 추진하자 1년도 채 안 돼서 환율이 50퍼센트 올랐습니다. 그리고 수입 물가에 이어 생필품 물가까지 차례로 올라 서민들의 삶이 팍팍해졌습니다.

환율은 주가를 변하게 한다

환율의 오르내림과 주가의 변동은 반대입니다. 외국인 투자자들이 환율이 오를 때마다(1,000원→1,200원) 주식을 팔기 때문이지요. 1997년 외환위기 이후 주식 시장이 완전 개방되면서 외국인 투자자의 참여가 늘어났습니다. 2019년 4월 말 기준 외국인의 주식 보유액은 약 576조 원으로 전체 주식의 32퍼센트를 훌쩍 넘어섰습니다. 외국인들이 주식을 사느냐 파느냐에 따라 주식시장은 출렁거립니다.

외국인 투자자는 국내 투자자와 달리 환율에 촉각을 곤두세웁니다. 예를 들어 외국인 투자자가 100만 달러를 10억 원으로 바꿔서 주식투자를 했다고 가정해 봅시다. 몇 달 뒤 주가는 바뀌지 않았는데 10억 원을 환전하니 약 90만 달러였습니다. 10만 달러를 손해 본 것입니다. 환율이 1,000원에서 1,100원으로 올랐기 때문이죠. 이처럼 환율 차이로 인한 손해를 환차손(換差損)이라고 합니다. 외국인 투자자의 경우 환율이 오를 것 같으면 재빨리 주식을

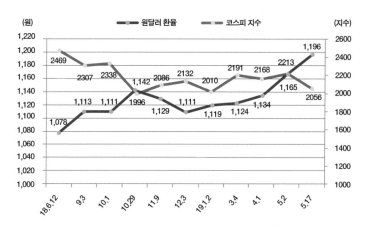

최근 1년간 원달러 환율과 코스피 지수 추이

▌ 한국은행 자료를 보면 환율과 주가는 역방향이다. 환율이 오르면 주가는 내린다. 출처: 조세
　　일보 http://www.joseilbo.com/news/htmls/2019/05/20190520376915.html

팔아서 환차손을 줄이려 합니다. 외국인 투자자들이 한꺼번에 주식을 팔 경우 전체 주가지수인 종합지수도 떨어집니다. 따라서 환율 상승은 주가 하락을 가져옵니다.

유로화와 환율

유럽의 몇몇 나라는 유로화를 함께 사용하고 있습니다. 하나의 통화를 사용하는 유로존이 탄생한 것이죠. 유로화는 2002년 1월 세상에 첫 선을 보였습니다. 그리고 6월까지 준비 기간을 거친 뒤 7월부터 본격적으로 사용되었어요. 2019년 현재 독일을 비롯해 프랑스와 네덜란드, 스페인, 그리스 등 19개국이 유로존에 가입해 있습니다. 이처럼 자국 통화 대신 유로화를 선택하면 어떤 결과를 가져올까요? 같은 화폐를 사용하는 나라들은 서로 환율을 적용할 필요가 없습니다. 여행을 가거나 유학을 할 때 환전하지 않아도 되는 것이죠. 또한 정부는 환율을 안정시키기 위해 시간과 돈을 허비하지 않아도 됩니다. 무엇보다 서로 무역할 때 환전하는 수고와 비용이 줄어든다는 이점이 있습니다. 유로화 가입국들 사이에서 경제 교류가 활발해질 수밖에 없겠죠.

유로화는 경제적 통합의 상징이 되었습니다. 얼마 지나지 않자 미국의 달러에 버금가는 역할을 하기 시작했습니다. 무역 거래에서 결제 대금을 유로화로 지불하는 경우가 잦아졌고, 외환보유액에서 유로화가 차지하는 비중도 늘어났어요. 유로존의 나라들은 유럽의 다른 나라에 비해 경제적으로 성장했습니다. 그러나 얻는 것이 있으면 잃는 것도 생기는 법이죠. 유로존 가입국은 환율로부터 자유로워지는 대신 환율에 대한 권리를 포기해야 했습니다.

그리스 사태

2010년에 그리스 정부가 어마어마한 빚을 감추고 있었다는 사실이 밝혀졌어요. 해외 투자자들이 부랴부랴 그리스를 떠나면서 회사들은 문을 닫았고 노동자들은 파업을 일삼았어요. 은행까지 위태로워지자 사람들은 너도나도 돈을 인출하려고 은행 앞에 줄을 섰습니다. 그리스는 IMF로부터 구제금융을 받고 강도 높은 구조 개혁을 실시했지만 나라 살림은 더욱 나빠졌어요. 세 명 중 한 명이 빈곤층이었으며 청년 두 명 중 한 명은 실업자였습니다. 결국 2010년뿐만 아니라 2012년과 2015년까지 세 차례에 걸쳐 3천 600억 달러 규모의 구제금융을 받았어요.

그리스는 왜 파산 직전까지 가야 했을까요? 그리스에 대한 손가락질이 시작되었습니다. 특히 퍼주기 식의 복지 정책과 게으른 국민성이 도마에 올랐어요. 우리나라의 몇몇 언론과 정치인들도 걸핏하면 그리스의 복지 정책을 헐뜯었습니다. 문재인 정부가 복지 재정을 확대하겠다고 발표하자 그리스를 예로 들며 반박에 나섰던 것입니다. "나랏돈 퍼주는 정부, 이대론 그리스처럼 파탄" "무상 복지를 확대하면 그리스가 되는 것은 시간문제" 등의 주장이 쏟아져 나왔습니다. 그리스 사태의 원인은 과연 복지 정책과 국민성 때문이었을까요?

그리스가 구제금융을 받을 당시 사회복지 지출이 GDP에서 차지하는 비중은 20.6퍼센트로 유럽 연합 평균인 26.9퍼센트보다 적었어요. 2011년 그리스의 실업률이 17.6퍼센트에 이르렀을 때 실업급여 지출은 GDP 대비 0.1퍼센트에도 못 미쳤습니다. 이는 유럽 평균의 5분의 1에 불과했습니다. 또한 그리스인들의 한 해 평균 근로시간은 유럽의 국가들 중 유일하게 2,000시간을 넘었습니다. 부지런하다고 알려진 독일인들의 근로시간인 1,400시간에 비해 50퍼센트가량 더 일하는 셈이지요. 따라서 그리스 사태의 원인은 다른 데서 찾아야 합니다.

그리스의 환율 주권

그리스는 2002년에 유로존에 가입하며 환율 주권을 포기했습니다. 화폐 발행을 중단하고 유럽중앙은행에서 발행한 유로화를 사용하기로 한 것이죠. 그 결과 재정이 약한 그리스와 경제력이 탄탄한 독일이 유로라는 하나의 통화로 묶이게 되었습니다. 당시 1인당 GDP 지수를 살펴보면 독일은 중상위소득국가인 반면, 그리스는 중하위소득국가였습니다. 유로화를 함께 쓰는 순간 예전에 비해 독일의 화폐 가치는 떨어지고 그리스의 화폐 가치는 오를 수밖에 없었죠.

즉, 독일의 100마르크짜리 물건과 그리스의 100드라크마짜리 물건이 같은 값에 팔리게 된 것입니다. 그리스 국민들은 100유로를 내고 독일 제품을 사서 썼습니다. 같은 값이면 독일 제품이 훨씬 우수했기 때문입니다. 그리스뿐만이 아니었습니다. 해외에서도 그리스 제품보다는 독일 제품을 구입했어요. 싼 맛에 구입하던 그리스 제품의 매력이 사라졌기 때문입니다. 독일 제품은 불타나게 팔리는 반면, 그리스 제품은 재고로 쌓여 갔어요.

그리스가 위기를 벗어나려면 화폐의 가치를 떨어트리고 환율을 올리는 수밖에 없었어요. 그래야 수출품의 가격이 낮아져서 경쟁력이 생기니까요. 그러나 유로존에 묶여 있어서 그리스의 환율 조정은 불가능했죠. 물건이 팔리지 않자 그리스 기업은 노동자를 해고하기 시작했어요. 실업자 증가와 소비 감소로 그리스 경제는 나락으로 떨어졌습니다.

그리스는 유럽의 다른 나라와 경제적 격차가 컸는데도 유로존에 가입한 것이 큰 실수였습니다. 그리스처럼 재정이 불안한 나라가 독일처럼 경제가 탄탄한 나라와 어떻게 어깨를 나란히 할 수 있겠어요? 그리스가 유로존을 가입하는 대신 환율 주권을 쥐고 있었더라면 구제금융을 세 번이나 받지는 않았을 것입니다.

용어 설명

경상수지(經常收支) 국제 거래에서 이루어지는 경상 거래에 의한 수지. 기업의 경우 통상의 영업 활동에서 계속적으로 생기는 수입과 지출의 차액을 이른다.

관세 관세 영역을 통해 수출·수입되거나 통과되는 화물에 대해 부과되는 세금. 수출세, 수입세, 통과세의 세 종류가 있으나 현재 우리나라에는 수입세만 있다.

국내총생산(GDP) 국민총생산(GNP)에서 투자 수익 따위의 해외로부터의 순소득을 제외한 지표. 경제 성장의 대외 비교에 쓴다.

기준금리 자금을 조달하거나 운용할 때 적용하는 금리의 기준이 되는 금리. 한 나라의 중앙은행에서 금융 정세의 변화에 따라 일정 기간마다 결정하며 금융 시장에서 각종 금리를 지배한다.

법정관리(法定管理) 부도를 내고 파산 위기에 처한 기업이 회생 가능성이 보이는 경우 법원의 결정에 따라 법원에서 지정한 제3자가 자금을 비롯한 기업활동 전반을 대신 관리하는 제도.

양적완화(量的緩和, Quantitative Easing) 중앙은행이 시중에 통화를 직접 공급해서 경기를 부양시키는 통화정책. 자국의 통화가치를 떨어뜨려 수출경쟁력을 높이는 것이 주목적이다.

연방준비은행(Federal Reserve Bank) 미국의 통화금융 정책을 결정하는 중앙은행. FRB의 의장은 우리나라 한국은행 총재와 같다. FRB의 의장은 미국 법에 따라 정기적으로 통화금융 정책의 개요를 의회에 보고하게 되어 있다. 발언 내용에 따라 미국의 이자율이 어떻게 변화할지 예측할 수 있기 때문에 세계 각국의 금융 상황이 큰 영향을 받는다. 그래서 FRB 의장을 '세계 경제 대통령'이라고 부르기도 한다.

재정수지(財政收支) 정부 예산에서 세입과 세출을 이르는 말. 세입이 세출보다 많으면 재정 흑자, 세출이 세입보다 많으면 재정 적자이다.

좀비기업(Zombie company) 회생할 가능성이 없는데도 정부나 채권단의 지원을 받아 간신히 파산을 면하고 있는 기업.

태환(兌換) 지폐를 정화(正貨)와 바꿈. 정
화(正貨)는 명목 가치와 소재 가치가
같은 본위 화폐를 말함. 금 본위국에서
는 금화, 은 본위국에서는 은화 따위를
이르며, 외국환 시세에 상관없이 국제
적인 평가로써 유통된다.

IMF(International Monetary Fund, 국제통
화기금) 국제수지 적자 누적으로 인
한 외화 부족이나 신용 추락으로 외
화를 차입할 수 없는 국가에 단기 자
금을 제공해 세계 경제를 안정시키고,
나아가 국제 무역을 증진시키기 위해
1945년에 설립한 국제금융기구다. 회
원국들이 출자를 해서 운영하는 상호
부조 기금이다.

연표

| 세계의 환율 |

기원전 5세기	아테네에서 발행된 그리스 은화인 드라크마가 최초의 국제통화였다.
1900년	영국에서 금본위제가 시행되어 4파운드를 금 1온스와 바꿔 주었다.
1944년	44개국이 미국의 브레튼우즈에 모였다. 미국이 금 1온스당 35달러를 발행하겠다고 선언했다. 이후 달러가 기축통화가 되었다.
1961년	미국과 유럽의 7개국이 금값 안정을 위해 골드풀 제도를 마련했다.
1971년	미국의 닉슨 대통령이 달러의 금 태환을 정지한다는 긴급성명을 발표했다.
1971년	스미스소니언 협정으로 달러는 가치를 1온스당 38달러로 낮췄으며 다른 화폐와의 교환비율도 조정되었다.
1974년	미국과 사우디아라비아가 협약을 한 뒤 사우디아라비아는 원유 값으로 달러만 받았다.

1985년	미국은 플라자 합의에서 독일과 일본의 화폐 가치를 올리도록 요구했다. 그 결과 달러는 약세로 돌아섰다.
1987년	미국은 루브르 합의를 통해 달러가 약세에서 벗어나 안정되기를 바랐다.
1992년	조지 소로스가 파운드화를 대규모 공매도하면서 영국은 유럽통화제도를 탈퇴하고 변동환율제도로 돌아갔다.
1997년	태국에서 시작된 외환위기는 동아시아를 거쳐 한국까지 강타했다.
2002년	유로화가 첫선을 보였다.
2008년	미국의 서브프라임모기지 사태로 금융위기가 발생했다.
2010년	중국이 관리변동환율제를 도입하며 위안화 가치가 올라갔다.
2013년	일본이 아베노믹스 정책에 따라 양적완화정책을 도입했다.
2019년	미국과 중국이 환율 문제로 첨예하게 대립하고 있다.

| 우리나라의 환율 |

1945년
미군정이 실시한 고정환율제도에 따라 1달러당 15원으로 환율이 결정되었다.

1964년
단일변동환율제도를 도입하였다. 외환시장의 수급 상황을 참고해 환율 변동을 약간씩 허용했다.

1980년
국제 시세에 따라 원화 환율을 변동시키는 복수통화바스켓제도를 채택했다.

1988년
미국이 환율조작국으로 지정했다.

1990년
외환시장의 수급 상황에 따라 환율이 자율적으로 결정되었다. 단, 하루의 변동 폭을 정해 놓았다.

1997년
외환위기가 발생해 IMF로부터 구제금융을 받았다. 이때 시장평균환율제도를 폐지하고 환율 변동을 시장에 맡기는 자유변동환율제도를 채택했다.

2008년
이명박 정부의 고환율 정책으로 환율이 급등했다.

더 알아보기

양보석의 충전스쿨 https://tv.naver.com/v/5423187
오르락 내리락 환율 변동이 국가와 기업, 개인에게 미치는 영향을 간단하게 설명
한다.
#환율 #환율변동 #환차익 #환차손 #환율상승 #환율하락 #원화강세 #원화약세
#수출업체 # 수입업체

막다버는 연태씨 https://tv.naver.com/v/8478285
미국의 서브프라임 모기지 사태와 세계 경제 위기가 어떻게 관련되었는지 다룬다.
#신용 #대출 #투기 자본의 붕괴 #달러화의 귀환 현상 #신흥국 위기

NEO 지식창고 https://www.youtube.com/watch?v=8xvUGCKG7pU
달러는 어떻게 기축통화가 되었나? 우리가 잘 알지 못했던 달러 이야기를 들려 준다.
#파운드화 #시뇨리지 효과 #닉슨쇼크 #페트로달러 #트리핀의 딜레마

오리지너 https://www.youtube.com/watch?v=erhbSocCtOI&feature=youtu.be
IMF 외환위기는 국민들의 과소비 때문이었을까? 20년 전, 국민들이 금 225만 톤을
모아야 했던 진짜 이유를 밝힌다.
#전국적인 금모으기 운동 #김영삼 대통령 #대기업 탈세 #실업률 #자살률 #비정규직
문제

최진기의 뉴스위크 https://www.youtube.com/watch?v=LwRF50N8K40
그리스 위기는 복지 때문인가?
#그리스 사태 #그리스 노인 복지 #그리스의 탈세 사례

김영익 교수의 경제 길라잡이 https://www.youtube.com/watch?v=ktK7B4bnf2w
미국 달러의 가치가 그동안 어떻게 하락했는지 알려준다.
#플라자 합의 #2008 글로벌 금융위기 #환율 조작국

지식한잔 https://www.youtube.com/watch?v=BKLfMx5hscI
단 5분 만에 비트코인과 블록체인을 이해할 수 있다.
#공공 거래장부 #조작 불가능 #미래의 기술

참고 자료

《경제의 99%는 환율이다》   백석현, 메이트북스, 2018

《고환율의 음모》   송기균, 21세기북스, 2012

《대한민국 환율의 비밀》   최기억, 이레미디어, 2017

《블랙 스완》   나심 니콜라스 탈레브, 동녘사이언스, 2018

《카셀이 들려주는 환율 이야기》   승지홍, 자음과 모음, 2012

《환율과 부의 미래》   박수영, 한스미디어, 2016

《환율의 미래》   홍춘욱, 에이지21, 2016

《환율전쟁》   왕양, 평단, 2011

《환율전쟁 이야기》   홍익희, 한스미디어, 2014

찾아보기

내인생의책 은 한 권의 책을 만들 때마다
우리 아이들이 나중에 자라 이 책이 '내 인생의 책'이라고 말할 수 있는 책을 만들고자 합니다.

세상에 대하여 우리가 더 잘 알아야 할 교양
(73) **환율** 오르면 개인에게 이로울까?

위문숙 지음

초판 인쇄일 2019년 8월 21일 | 초판 발행일 2019년 9월 4일
펴낸이 조기룡 | 펴낸곳 내인생의책 | 등록번호 제10-2315호
주소 서울시 성동구 연무장5가길 7 현대테라스타워 E동 1403호
전화 02) 335-0449, 335-0445(편집) | 팩스 02) 6499-1165
편집 정민규 | 디자인 황경실 | 마케팅 한하람

ISBN 979-11-5723-547-6 (44300)
       979-11-5723-416-5 (세트)

책값은 뒤표지에 있습니다. 잘못된 책은 구입처에서 바꾸어 드립니다.

이 도서의 국립중앙도서관 출판예정도서목록(CIP)은 서지정보유통지원시스템 홈페이지(http://seoji.nl.go.kr)와
국가자료종합목록 구축시스템(http://kolis-net.nl.go.kr)에서 이용하실 수 있습니다.(CIP제어번호: 2019031257)

내인생의책에서는 참신한 발상, 따뜻한 시선을 가진 원고를 기다리고 있습니다.
나무의 목숨값에 버금가는 가치를 지닌 원고를 만날 수 있기를 학수고대하고 있습니다.
원고는 내인생의책 전자우편이나 홈페이지를 이용해 보내 주세요.

전자 우편 bookinmylife@naver.com | 홈페이지 http://bookinmylife.com

어린이제품 안전 특별법에 의한 제품 표시

제조자명 내인생의책 | **제조 연월** 2019년 9월 | **제조국** 대한민국 | **사용연령** 5세 이상 어린이 제품
주소 및 연락처 서울시 성동구 연무장5가길 7 현대테라스타워 E동 1403호 02) 335-0449 | **담당 편집자** 정민규